QUE FERAIT
STEVE JOBS
À MA PLACE ?

Les Éditions Transcontinental
1100, boul. René-Lévesque Ouest, 24ᵉ étage
Montréal (Québec) H3B 4X9
Téléphone : 514 392-9000 ou 1 800 361-5479
www.livres.transcontinental.ca

Pour connaître nos autres titres, consultez **www.livres.transcontinental.ca.** Pour bénéficier de nos
tarifs spéciaux s'appliquant aux bibliothèques d'entreprise ou aux achats en gros, informez-vous au
1 866 800-2500 (et faites le 2).

**Catalogage avant publication de Bibliothèque et Archives nationales du Québec
et Bibliothèque et Archives Canada**

Sander, Peter J.
Que ferait Steve Jobs à ma place ?
Traduction de : What would Steve Jobs do?.

ISBN 978-2-89472-621-1

1. Leadership. 2. Pensée créatrice. 3. Jobs, Steve, 1955-2011. 4. Apple Computer, Inc. I. Titre.

HD57.7.S2614 2012   658.4'092   C2012-940112-9

Correction : Jacinthe Lesage
Mise en pages : Diane Marquette
Conception graphique de la couverture : Atelier Lapin Blanc
Illustration de la page couverture : Vectorportal.com
Impression : Transcontinental Gagné

Édition originale publiée sous le titre *What would Steve Jobs do? How the Steve Jobs Way Can
Inspire Anyone to Think Differently and Win*
Copyright © 2012 by Peter Sander
This edition published by arrangement with The McGraw-Hill Companies, New York,
New York, USA. All rights reserved.

Imprimé au Canada
© Les Éditions Transcontinental, 2012, pour la version française publiée en Amérique du Nord
Dépôt légal – Bibliothèque et Archives nationales du Québec, 1er trimestre 2012
Bibliothèque et Archives Canada

Nous reconnaissons l'aide financière du gouvernement du Canada par l'entremise du Fonds
du livre du Canada pour nos activités d'édition. Nous remercions également la SODEC de
son appui financier (programmes Aide à l'Édition et Aide à la promotion).

 Les Éditions Transcontinental sont membres de l'Association nationale
des éditeurs de livres.

Imprimé sur Rolland Enviro110, contenant
100% de fibres recyclées postconsommation,
certifié Éco-Logo, Procédé sans chlore, FSC
Recyclé et fabriqué à partir d'énergie biogaz.

QUE FERAIT
STEVE JOBS
À MA PLACE?

Traduit de l'américain par Danielle Charron

Les Éditions
Transcontinental

Tables des matières

INTRODUCTION

*L'intelligence, la passion et l'énergie de Steve ont été source
d'innombrables innovations qui ont enrichi et amélioré
nos vies à tous.
Grâce à lui, le monde est incommensurablement meilleur.*

– 5 octobre 2011, communiqué d'Apple Inc.

« Soyez insatiables, soyez fous. »

C'est sur ces mots que Steve a terminé le désormais célèbre discours qu'il a livré le 12 juin 2005, lors de la cérémonie de remise des diplômes aux étudiants de l'Université Stanford. Il avait parlé d'amour, de mort et de perte. C'était un discours émouvant qui a bouleversé non seulement les gens dans l'auditoire mais ses nombreux fans qui savaient qu'on lui avait découvert un cancer un an auparavant.

Ses propos ont touché beaucoup gens depuis. Selon le baromètre YouTube, le discours de Steve est un grand favori. Avec 5 268 012 visionnements en date du 10 septembre 2011, c'était la plus populaire des allocutions soulignant une remise de diplômes. Ses plus proches adversaires étaient alors Randy Pausch, auteur et professeur à Carnegie Mellon (1 371 075 visionnements), Will Farrell (1 176 606 visionnements du discours qu'il a livré en 2003 à l'Université Harvard) et Oprah (716 982 visionnements du discours qu'elle a prononcé en 2008, à Stanford également).

Mais le 10 octobre 2011, le discours de Steve affichait 11 022 670 visionnements, ce qui signifie qu'il a été vu environ 6 millions de fois dans les 5 jours qui ont suivi son décès. Cela nous donne une bonne idée du culte qu'on lui vouait. Il est d'ailleurs étonnant de constater qu'un chef d'entreprise ait suscité un tel engouement. Qui d'autre dans cette position a attiré l'attention d'un aussi grand nombre de personnes provenant de milieux aussi divers que l'entreprise, l'enseignement, le grand public? Son influence s'étend en effet bien au-delà des 40 000 employés d'Apple.

J'ai vu les fleurs, les pommes, les photos, les lettres et tous ces objets formant l'immense mémorial public devant le siège social d'Apple, au One Infinite Loop, à Cupertino. Trois jours après le décès de Steve, ils auraient pu recouvrir un terrain de tennis. Les témoignages laissés devant les 357 magasins Apple dans le monde entier n'étaient pas moins bouleversants.

Comment Steve a-t-il fait pour jouir d'un tel prestige, devenir un véritable gourou, être considéré par le monde entier comme un grand leader? Comment s'y est-il pris pour battre sur son propre terrain un Bill Gates qui, avec Microsoft, possédait 80 % des parts du marché de la micro-informatique et était cinq fois plus riche que lui? Combien sommes-nous, y compris ceux qui ne possèdent pas de produits Apple, à vénérer Steve Jobs pour ce qu'il a accompli? Et qui ne souhaiterait pas posséder une fraction de son génie et de son leadership?

On ne s'étonne pas que certaines vedettes deviennent de véritables images de marque, mais un chef d'entreprise! C'était pourtant le cas de Steve. Au-delà des produits qu'il a contribué à créer, il avait une image de marque inégalée. Quand on parle de lui, on n'a pas besoin de préciser son nom de famille. C'est ça l'essence de la superstar.

Le président Barack Obama a bien résumé les choses lorsqu'il a dit que le monde venait de perdre un visionnaire. «Et Steve aurait considéré comme un très grand hommage de savoir, a-t-il poursuivi, que pratiquement tous les habitants de cette planète ont appris la nouvelle de son décès grâce à un appareil qu'il a inventé.»

380 milliards de dollars

Si on vénère les leaders pour leur personnalité exceptionnelle, leur sens de l'humour ou leur courage, on admire les chefs d'entreprise pour leur réussite financière. À ce chapitre, la valeur boursière d'Apple Inc. – 380 milliards de dollars – est assez éloquente.

Ce chiffre est relativement peu élevé dans un pays où les déficits budgétaires se comptent en billions de dollars et où, dans le cadre du plan Paulson[1], le gouvernement prévoyait racheter des dettes bancaires de 700 milliards de dollars. Mais pour une entreprise, c'est énorme.

Apple est la plus importante société de fabrication cotée en Bourse. Il est vrai qu'elle et le géant pétrolier ExxonMobil se disputent régulièrement cet honneur, mais en un sens elle a plus de mérite, car elle fabrique un véritable *produit* qu'elle doit vendre dans un marché concurrentiel. Plus précisément, elle vend un produit dont personne n'a besoin, mais qui fait l'objet de tous les désirs et dont la marque éclipse la concurrence. On ne peut certainement pas en dire autant des produits pétroliers.

En termes de capitalisation boursière, les cinq plus grandes sociétés font dans le pétrole, les produits miniers et les placements ; aucune ne fabrique un produit qui doit séduire les consommateurs ou qui est aussi complexe qu'un iMac, un iPod, un iPhone ou un iPad. Quant aux produits de Microsoft, société qui occupe le septième rang de cette liste de privilégiées, on en a besoin, au même titre que les produits pétroliers. On n'a pas le choix de les consommer, car ils constituent la norme dans l'industrie. Mais à mon avis, peu de gens les *désirent*.

---

1   NDT : Le plan Paulson (qui doit son nom à Henry Paulson, Secrétaire du Trésor) fait partie des mesures prises par le gouvernement américain pour faire face à la crise financière de 2008.

C'est en mai 2010, avec une capitalisation boursière de 222 milliards de dollars, qu'Apple a dépassé Microsoft. À cette époque, Exxon maintenait sa première position avec une valeur de 279 milliards. Un an plus tard, l'écart s'était nettement élargi entre les deux rivales de toujours : alors qu'Apple atteignait 380 milliards de dollars, Microsoft stagnait à 228 milliards. Et Exxon se tenait au deuxième rang avec 358 milliards.

Tout simplement époustouflant. Mais le plus important dans tout cela, ce n'est pas la valeur boursière d'Apple ni son chiffre d'affaires ni même ses produits exceptionnels, c'est le contexte de sa croissance.

Il ne faut pas oublier qu'Apple n'existe que depuis 35 ans. Combien d'entreprises, mis à part Microsoft, ont connu une croissance aussi rapide sans fusion et pratiquement pas d'acquisitions ? Aucune. Entre 1997, année où Steve Jobs a repris le collier, et 2003, soit juste avant que la vague iPod ne décolle vraiment, la valeur boursière d'Apple est passée de 3 à 10 milliards de dollars. C'est indéniable : sous la direction de Steve, Apple a progressé plus rapidement que toute autre société dans l'histoire de l'humanité. D'ailleurs, nous avons vu ce qu'il en est advenu quand elle est passée entre les mains d'autres dirigeants. Ce n'était pas joli.

Steve Jobs n'était pas un gestionnaire ordinaire. Sa vision, sa connaissance du produit, son sens du marketing et sa profonde compréhension du consommateur étaient exceptionnels. C'est ce que nous examinerons dans cet ouvrage.

Anatomie de la superstar

Dans son ouvrage *The Innovation Playbook* (Wiley, 2010), le conseiller en innovation Nicholas Webb s'inspire des grandes vedettes du monde du sport pour définir la *superstar* :

- La superstar offre systématiquement une meilleure performance que les autres.

- La superstar livre la marchandise.

- La superstar est un modèle qu'on cherche à imiter.

- La superstar excelle dans tous les aspects de sa spécialité, pas seulement dans quelques-uns.

- En général, la superstar est dotée d'une personnalité équilibrée et accessible, en accord avec son talent.

- La superstar a un esprit d'équipe qui permet aux autres de s'améliorer.

- Si la superstar était une culture, on voudrait y adhérer.

Selon ces critères, Steve est certainement une superstar. En fait, on n'a aucune peine à le voir comme le Michael Jordan ou le Wayne Gretzky de l'entreprise et de la technologie, des univers où il n'y a pas beaucoup de vedettes, du moins pas de sa trempe.

L'idée principale

Fans d'Apple ou de Steve Jobs, sachez ceci :

- *Que ferait Steve Jobs à ma place ?* n'est pas une biographie de Steve Jobs.

- *Que ferait Steve Jobs à ma place ?* ne retrace pas l'histoire d'Apple Inc.

Il existe déjà d'excellents livres sur Apple, sur Steve, sur son sens de l'innovation, etc. Je n'avais pas besoin d'en rajouter.

Dans le présent ouvrage, je cherche plutôt à saisir l'essence du *leadership* de Steve Jobs. Je vise à démontrer comment *vous* pouvez vous inspirer de son style pour l'appliquer dans *votre* organisation. Une chose est certaine, la plus grande partie de son succès reposait sur l'innovation, et celle-ci était une composante majeure de son leadership.

Tout chef d'entreprise a le devoir de gérer l'innovation. Une entreprise qui n'innove pas est une entreprise qui ne s'adapte ni à ses clients ni au monde extérieur. Elle se fera éclipser par la concurrence ou dépasser par les progrès technologiques. Une entreprise qui n'innove pas est vouée à l'échec.

Il est clair que Steve savait innover et gérer l'innovation. Mais ce n'est pas tout. Il a suscité l'engouement de millions d'adeptes. Pourquoi a-t-on écouté et réécouté le discours qu'il a livré devant les étudiants de l'Université Stanford et laissé des fleurs devant les magasins Apple le jour où il est décédé? Parce que quelque chose au-delà de son image de génie excentrique a rejoint les gens.

Le monde est incommensurablement meilleur depuis le passage de Steve sur cette terre. *Que ferait Steve Jobs à ma place?* s'applique à comprendre pourquoi.

La feuille de route de l'excellence

Les deux premiers chapitres du présent ouvrage forment la toile de fond de l'histoire exceptionnelle d'Apple et de Steve Jobs. Ils vous permettront de mieux comprendre son style de leadership.

Dans le troisième chapitre, je passe en revue les modèles de gestion traditionnels en les comparant à celui de Steve afin d'en démontrer le caractère unique.

Dans les six chapitres suivants, je décortique les différents aspects du modèle de leadership de Steve Jobs : client, vision, culture, produit, message et marque. Je les ai traités en gardant à l'esprit comment *vous* pouvez vous en servir pour « penser autrement » votre secteur d'activité et votre entreprise.

Bonne lecture. Et n'oubliez pas : soyez insatiable, soyez fou.

CHAPITRE 1

LA NAISSANCE

L'ordinateur est l'outil le plus exceptionnel jamais inventé.
C'est la bicyclette de l'esprit.

– Steve Jobs, 1991

L'histoire d'Apple commence non pas en 1976, l'année de sa fondation, mais 21 ans plus tôt avec la naissance de Steve Jobs. Il ne fait aucun doute, en effet, que l'enfance et l'adolescence de Steve ont largement contribué au développement de son style de leadership et à l'essor d'Apple comme entreprise. C'est pourquoi il faut s'y attarder.

Un départ mémorable

Steve Jobs n'a jamais rien fait comme tout le monde, à commencer par son entrée dans le monde. Il naît le 24 février 1955, à San Francisco, de parents étudiants à l'Université du Wisconsin. Abdulfattah John Jondali et Joanne Simpson feront carrière, se marieront et auront un autre enfant, la romancière Mona Simpson, mais en 1955, ils sont âgés de 23 ans et ils décident de confier leur premier-né à l'adoption. À une condition cependant : que les parents adoptifs soient des diplômés universitaires. Mais cette condition, on ne sait pas trop pourquoi, ne sera pas respectée.

Paul et Clara Jobs habitent à Mountain View, une banlieue de San Francisco, située tout près de ce qui deviendra la Silicon Valley. Bien qu'ils n'aient jamais fréquenté l'université (Paul n'a même pas terminé ses études secondaires), ils y enverront Steve le moment venu. Ce sont des parents aimants, qui respectent la nature curieuse et énergique de leur fils et l'appuient dans tous ses projets.

Le jeune Steve est fasciné par l'électronique. Il n'a pas 10 ans quand il assiste à sa première démonstration d'ordinateurs (qui ne sont en fait que des terminaux) au centre de recherche NASA Ames, à deux pas de chez lui. Adolescent, il fréquente la Cupertino High School et la Homestead High School, situées à environ deux kilomètres de l'actuel siège social d'Apple. Il est également un régulier des conférences données par Hewlett-Packard à Palo Alto. Il est comme un poisson dans l'eau dans le monde des ingénieurs et des professionnels de la haute technologie.

En circuit ouvert

En 1970, Steve Jobs fait la connaissance de Steve Wozniak (« Woz »), un prodige en matière de technologie, qui deviendra son associé. De cinq ans son aîné, Woz fréquente l'université tout en travaillant chez HP. Il planche sur un appareil qui deviendra le micro-ordinateur. En discutant avec lui, Jobs se demande s'il ne serait pas possible de fabriquer un ordinateur qui tiendrait sur une seule carte de circuits imprimés. Cette idée prendra cependant un certain temps avant de se concrétiser.

Jobs termine ses études secondaires en 1972 et entre au Reed College, une université privée très prisée, située en banlieue de Portland, dans l'Oregon. Mais la structure universitaire ne convient guère à sa nature créative. D'ailleurs, il a déjà pour principe de ne faire que ce qu'il aime dans la vie. Il abandonne ses études au bout d'un semestre et explore d'autres avenues. Il veut faire quelque chose qui le passionnera. Il ignore encore ce que c'est, mais il sait qu'il n'a pas envie de suivre la trajectoire de la majorité : université, diplôme, boulot, dodo.

Steve passe l'année dans la région de Portland. Il fréquente le temple Hare Krishna où il mange gratuitement, il vend des bouteilles de boissons gazeuses pour se faire un peu de sous, il assiste à quelques cours en auditeur libre et il se tient avec ses amis. Il est ce qu'on appelle à l'époque un hippie.

Steve suit un cours de calligraphie et se découvre un intérêt pour le design graphique, particulièrement pour la typographie. Événement prémonitoire ? « Si je n'avais pas suivi ce cours à Reed, dira Steve plus tard, le Mac n'aurait jamais proposé autant de types de caractères et encore moins des polices proportionnelles[1]. »

Des illuminations

Entre 1972 et 1974, Steve expérimente beaucoup ; notamment, il s'initie à la culture indienne. Lorsqu'il revient en Californie, il renoue avec l'électronique et se déniche un emploi chez Atari, une boîte de jeux vidéo en pleine croissance qui se trouve dans Silicon Valley. Son but : gagner assez d'argent pour se payer une retraite spirituelle en Inde.

Comme il réalise toujours ses projets, Steve part bientôt pour l'Inde avec un ami du Reed College, Daniel Kottke, qui travaillera plus tard pour Apple. Les deux amis veulent suivre les enseignements du fameux gourou Neem Karoli Baba, qui malheureusement décédera avant même qu'ils arrivent à destination.

Quand ils rentrent au bercail, Steve et Daniel se déclarent bouddhistes, portent des tuniques et ont le crâne rasé. On ne sait pas grand-chose de ce qu'ils ont fait pendant leur séjour en Inde, mais il est clair qu'ils ont consommé quelques drogues, notamment du LSD. « C'est l'une des deux ou trois choses les plus importantes que j'ai faites dans ma vie », dira Steve de ces expériences. On ne tient pas à entrer dans les détails, mais chose certaine, la drogue a libéré son flux créatif et l'a incité à « penser autrement ».

---

1 ISAACSON, Walter. *Steve Jobs,* Paris, JC Lattès, 2011, p. 65.

Steve retrouve son emploi chez Atari et son vieux copain Steve Wozniak. Avec le recul, certains pensent que, s'il n'avait pas rencontré Woz avant d'aller en Inde, Steve Jobs aurait passé sa vie à chanter des mantras et à enseigner le yoga dans une contrée lointaine.

L'Apple I, presque un ordinateur

Woz est ce qu'on appellerait aujourd'hui un *nerd*, un *geek*, un mordu d'électronique et d'informatique. Il conçoit des circuits imprimés pendant qu'il travaille chez Hewlett-Packard et qu'il suit des cours à Berkeley. Il aide Jobs, qui est toujours au service d'Atari, à relever le défi de réduire le nombre de puces sur un circuit.

Jobs convainc son ami d'essayer de fabriquer un ordinateur à l'aide d'un seul circuit. Woz se prête au jeu pour se prouver qu'il est capable de le faire, pour épater la galerie et pour vendre des prototypes aux membres de son club d'informatique Homebrew. Mais Jobs a de plus grandes ambitions. Il veut mettre sur pied une entreprise. «Ce n'est pas grave si on échoue, aurait dit Jobs à Wozniak. Au moins, ça nous fera quelque chose à raconter à nos petits-enfants.»

Ils amassent 1300 $ en vendant diverses possessions : Jobs, sa camionnette Volkswagen, et Woz, différents objets dont une calculatrice scientifique HP. Ce capital de démarrage leur permet de mettre au point un appareil assez rudimentaire. C'est ce qu'on appellerait aujourd'hui une carte mère, assortie de puces pour l'unité centrale, la mémoire et le vidéotexte. Pas beaucoup de mémoire, cependant : 4 kilo-octets (de nos jours, avec leurs 4 gigaoctets de mémoire, les appareils en ont un million de fois plus). C'est à l'utilisateur de fournir le clavier, l'écran (habituellement un vieux téléviseur), le bloc d'alimentation et le boîtier. Le logiciel est en langage de programmation BASIC. C'est un kit à monter soi-même, une activité populaire à l'époque.

Le soi-disant Apple I a été mis en marché en juillet 1976. Son coût de production : 500 $; son prix de détail : 666 $ (2 600 $ en dollars d'aujourd'hui). Une boutique d'ordinateurs de Mountain View, The Byte Shop, en a vendu des versions complètement montées.

Executek ou Apple ?

D'où vient le nom « Apple » ? De l'époque où Steve était en Oregon. Il s'était lié d'amitié avec les membres d'une commune qui vivaient sur une ferme, la All-One Farm, et cultivaient des pommes, un fruit dont Steve admirait la beauté et la simplicité.

Steve retourne régulièrement à la All-One Farm pour y travailler et voir ses amis. Un jour qu'il en revient, il dit à Woz, venu le chercher à l'aéroport, qu'il a trouvé un nom génial pour l'ordinateur sur lequel ils travaillent : Apple !

On dit également que ce nom vient de l'importance de ce fruit pour certaines idoles de Steve : les Beatles et Isaac Newton. Ces personnages sont sans doute pour quelque chose dans le choix du nom, mais en réalité, après en avoir testé d'autres, tous plus étranges les uns que les autres – Matrix et Executek, par exemple –, Jobs et Woz décident de conserver Apple.

Cette anecdote illustre bien à quel point Woz, avec son génie de la technique, avec Jobs, avec son génie du marketing, ont des atomes crochus. Ils vendent environ 200 Apple I, puis se mettent à travailler sur Apple II.

La croissance malgré les obstacles

Steve Jobs voit grand et loin. Il est profondément convaincu qu'un ordinateur peut être autre chose qu'un immense et hideux appareil gris, caché dans un centre de données et réservé à l'usage exclusif des programmeurs. Il est certain que cet outil pourrait améliorer la vie des consommateurs, des ingénieurs, des scientifiques, des gens d'affaires, des professeurs, à la maison comme au travail.

Mais les sociétés comme IBM et HP ne tiennent même pas compte des appareils d'Apple, qui sont « trop petits pour faire de la véritable informatique ». On sait maintenant qu'elles se trompaient, mais cela prendra quand même huit ans à Jobs pour leur prouver qu'ils avaient tort.

De la genèse à l'exode

L'Apple I a peut-être permis de concrétiser l'idée du micro-ordinateur, mais c'est l'Apple II qui a permis à Apple, l'entreprise, de prendre son envol en 1977. C'est entre ce moment et le lancement du révolutionnaire Macintosh en 1984 que Steve a mis au point son style de leadership, un style qui, comme nous le verrons, ne convenait pas aux gestionnaires plus traditionnels qui avaient commencé à peupler la haute direction de l'entreprise. C'est d'ailleurs ce qui a fait fuir notre homme peu de temps après le lancement du Mac. Mais il n'était pas du genre à se laisser abattre. En fait, ce départ est peut-être ce qui pouvait lui arriver de mieux. Mais reprenons les choses depuis le début.

APPLE II : DE NOUVELLES PERSPECTIVES

Steve et Woz fondent Apple Inc. le 3 janvier 1977. Ils viennent tout juste d'intégrer un troisième larron plus âgé et plus expérimenté qu'eux, Ronald Wayne, qui est censé les aider à trancher s'ils ne s'entendent pas. Mais au moment de la constitution en société, ils lui rachètent sa part pour 800 $ (elle en vaudrait des dizaines de milliards aujourd'hui).

Contrairement à l'Apple I, l'Apple II a vraiment l'air d'un ordinateur avec boîtier, bloc d'alimentation, clavier, écran couleur, haut-parleurs, et fentes d'expansion. Il sera bientôt doté d'un lecteur de disquettes souples de 5,25 po pour permettre aux utilisateurs de stocker et de récupérer leurs données et de les traiter sur d'autres appareils. Comme son prédécesseur, l'Apple II est le fruit du génie technique de Woz et de l'inspiration et du sens du marché de Jobs.

Jobs et Wozniak constatent bientôt que les quelques milliers de dollars qu'ils ont investis dans Apple ne sont pas suffisants. Ils ont besoin d'un bailleur de fonds qui aurait aussi des compétences en gestion d'entreprise, ce dont, compte tenu de leur âge, ils sont totalement dépourvus.

L'ARRIVÉE DE MIKE MARKKULA

Jobs sollicite les représentants de quelques grandes sociétés de capital de risque. Ceux-ci ont beau être intrigués par ce que Steve leur propose, ils sont rebutés par son look hippie. La plupart se renvoient la balle. Mais un certain Mike Markkula, ingénieur chevronné, semi-retraité de chez Intel, voit au-delà des apparences et achète un tiers des parts d'Apple pour 250 000 $.

Bien qu'en arrière-plan, Markkula jouera un rôle essentiel dans l'entreprise, et appuiera la vision de Jobs et les projets de Woz. En retour, Jobs appréciera sa contribution et exploitera bien ses compétences d'entrepreneur. Les bons dirigeants savent en effet reconnaître leurs points faibles et s'entourer de gens capables de faire avancer les choses.

Jobs et Markkula finiront cependant par s'opposer à cause de l'approche purement commerciale de celui-ci. Ironie du sort, Markkula sera de ceux qui inciteront Jobs à quitter Apple en 1985, et occupera le poste de président du conseil jusqu'en 1997.

UNE APPLICATION RÉVOLUTIONNAIRE

Malgré la fascination qu'exerce l'Apple II sur les consommateurs, ceux-ci ne sont pas prêts à écrire des programmes en BASIC. Apple est devant une impasse. Comme c'est souvent le cas en informatique, le problème n'est pas matériel, mais logiciel. Il faut trouver *la* bonne application, celle qui justifiera l'achat de l'ordinateur. C'est ce qui se produit en 1979 avec le logiciel de la société Software Arts : Visicalc.

Grâce à Visicalc, un chiffrier électronique semblable au Microsoft Excel d'aujourd'hui, les gens peuvent vraiment utiliser leur ordinateur. Cette application permet de rejoindre une toute nouvelle clientèle qui se situe en dehors des habituels programmeurs et des mordus d'informatique.

UN PETIT TOUR AU PARC

Les ventes de l'Apple II vont bon train. Grâce à un chiffre d'affaires annuel de 300 millions de dollars, Jobs et de Wozniak deviennent des multimillionnaires quasi instantanément. Mais ce n'est pas le fin mot de l'histoire.

Des représentants de Xerox invitent Jobs à leur centre de recherche, le Palo Alto Research Center (le PARC, un nid d'inventivité dont malheureusement Xerox n'a pas profité). Jobs va plus loin et offre à Xerox 100 000 actions d'Apple en échange d'une séance d'observation de trois jours au PARC pour lui et une équipe d'ingénieurs. Les chercheurs du PARC travaillent en effet sur différents projets intéressants dont le précurseur de l'imprimante au laser et l'interface graphique GUI.

Les chercheurs du PARC hésitent à confier leurs secrets aux ingénieurs d'Apple. On les comprend. «En une heure, ils ont mieux compris notre technologie et son potentiel, que n'importe lequel de nos cadres après des années de démonstrations», dira plus tard Larry Tesler, un scientifique de Xerox qui finira par rejoindre les rangs d'Apple. Pour Jobs, les gens de Xerox ne sont «que des fabricants de photocopieurs qui n'ont pas la moindre idée de ce que peut faire un ordinateur». Lui, il le sait.

Jobs et son équipe reviennent du PARC avec l'intention d'ajouter une interface graphique à l'appareil qu'ils sont en train de développer, le Lisa. Leur but : faire d'Apple un intervenant de taille dans le secteur de l'informatique d'entreprise. Mais à cause de son prix prohibitif (10 000 $), le Lisa s'avérera un échec commercial.

UNE COMBINAISON GAGNANTE : JOBS ET SCULLEY

Peu de temps après son arrivée chez Apple, Mike Markkula embauche un PDG, un dénommé Mike Scott. Jobs a beau être président du conseil et avoir une vision qu'on respecte, ce n'est pas lui qui dirige l'entreprise au quotidien. Entre 1977 et 1984, on ne lui offrira même jamais le poste de PDG, ce qui, par ailleurs, fait son affaire.

Or, Scott déçoit et quitte Apple en 1981. Jobs souhaite que le prochain chef de la direction ait une approche consommateur plus marquée et qu'il connaisse le marketing grand public. On lui recommande de solliciter John Sculley, le PDG de Pepsi.

Sculley commence par refuser l'offre de Jobs. Celui-ci ne se laisse toutefois pas démonter et convainc Sculley en lui posant une question devenue célèbre : « Vous comptez passer le reste de votre vie à vendre de l'eau sucrée ou vous voulez changer le monde avec moi ? »

Sculley rejoint les rangs d'Apple et met en place une stratégie de commercialisation qui la fait connaître auprès du grand public. Il s'entend à merveille avec Jobs et lui laisse toute latitude pour se consacrer à ce qui entre-temps est devenu sa nouvelle passion : le projet Macintosh.

UNE AUTRE SORTE DE POMME

À peu près au même moment que la rencontre avec les gens du PARC, Jef Raskin, un rédacteur technique et expert en publication embauché par Apple, se met à travailler sur un prototype d'appareil plus compact que le Lisa, capable de faire ce qu'on nommera plus tard de l'éditique. Jobs est emballé par ce projet qui, plus que le Lisa, correspond à sa vision et à sa personnalité.

C'est ce qui donne le coup d'envoi au projet Macintosh, ainsi nommé, dit-on, parce que c'est la variété de pommes favorite de Raskin (mais avec une orthographe différente pour des raisons de marque de commerce).

À cette époque, Apple compte environ 4000 employés : 3000 planchent sur l'Apple II, 900 sur le Lisa et une centaine sur le Macintosh. Or, les développeurs du Mac travaillent ni plus ni moins en vase clos, comme une petite entreprise dans l'entreprise, et ils ne comptent pas leurs heures (les semaines de 80-90 heures ne sont pas rares pour eux). Jobs, qui en est devenu *de facto* le chef de projet, est toujours présent. Il soigne tous les détails. C'est un perfectionniste et il met la barre haute pour ses coéquipiers.

Au bout de quelques années, le Mac voit enfin le jour. Cet appareil intégré n'a besoin d'aucun module complémentaire pour fonctionner. Il utilise les nouvelles disquettes de Sony de 3,5 po, a une interface graphique complète, avec icones et menus déroulants, et est doté d'une souris qui constitue son principal mécanisme de contrôle. Cet appareil est plus simple et plus compact que tout ce qui existe sur le marché. Comme Steve, il est convivial, à l'avant-garde, un pur produit de la contre-culture.

LA PUB

Le Mac est prêt à être mis en marché en 1984. Apple veut l'annoncer de façon audacieuse, dans le cadre d'un événement important : le Super Bowl de 1984. Le PC d'IBM a été lancé quelques années auparavant et a gagné du terrain auprès des utilisateurs et des développeurs, particulièrement dans les entreprises. Apple doit donc jouer le grand jeu.

L'agence Chiat/Day, engagée pour concevoir la publicité, propose une solution radicale sur le thème de *1984* de George Orwell. Une assemblée de travailleurs zombies regardent un immense écran montrant un homme en train de faire de la propagande. Une jeune athlète apparaît ; elle court, une lourde massue à la main. Arrivée devant l'écran, elle s'élance et lâche sa massue contre l'écran qui éclate en mille morceaux. En voix off, on entend le message : « Le 24 janvier, Apple lancera Macintosh, et vous verrez pourquoi 1984 ne sera pas comme *1984*. »

Sculley n'est pas à l'aise avec cette publicité. Les membres du conseil d'administration la détestent. Steve Jobs l'adore. Et Steve Wozniak trouve qu'elle est très représentative d'Apple. Puisque le VP marketing n'a pas vraiment d'autre solution, il décide de la diffuser.

Cette publicité, considérée aujourd'hui comme un véritable chef-d'œuvre de créativité et d'efficacité, souligne à quel point Steve était différent de Mike Sculley et des autres membres de l'équipe de direction d'Apple.

LE PREMIER DÉPART

Le Mac est d'abord très populaire, mais les ventes plafonnent en raison d'une économie chancelante et de l'épuisement du bassin des acheteurs précoces. Au coût de 2 000 $, l'appareil reste cher, sans compter qu'il n'est compatible qu'avec peu de logiciels. Mais en 1985, la suite logicielle PageMaker d'Aldus et l'imprimante LaserWriter changent la donne.

La LaserWriter s'intègre parfaitement à la vision de Jobs, qui n'a pas cessé de soutenir que le Macintosh et les ordinateurs en général doivent « être utiles ». Non seulement cette imprimante permet-elle de créer le marché de l'éditique que Raskin a imaginé quelques années plus tôt, mais en raison de l'accent qu'elle met sur le visuel, elle place Apple au cœur du secteur des arts graphiques et de la créativité, et ce, pour de nombreuses années.

Mais tout ne va pas pour le mieux dans le meilleur des mondes chez Apple. Jobs et Sculley ne s'entendent pas sur les stratégies de commercialisation du Mac. Empruntant le modèle de distribution des boissons gazeuses, Sculley vise la domination de l'espace d'étalage en magasin et embauche d'importants effectifs pour vendre des appareils aux entreprises. Jobs, lui, voit le Mac comme un produit grand public et voudrait mettre en place un système de distribution directe par FedEx pour accélérer et personnaliser le service, et réduire le nombre d'intermédiaires – ce qui est ni plus ni moins ce que fait aujourd'hui la société Dell avec succès.

Ce n'est pas là leur seul désaccord. Apple s'est bureaucratisée et se préoccupe davantage des ventes que du produit, ce qui rend Steve complètement dingue. Malheureusement, plusieurs cadres, y compris Mike Markkula, se liguent contre lui. Sculley lui retire le projet de développement du Mac et le nomme chef de la technologie. Refusant ce rôle, Steve prend sa voiture et quitte Apple pour… 11 ans.

Ce qui l'a poussé à partir, a déclaré Jobs dans une entrevue qu'il a donnée en 1995, ce n'était pas un soi-disant problème de croissance trop rapide ni sa mise à l'écart du pouvoir, mais bien le changement de valeurs fondamental qui était en train de faire d'Apple une entreprise axée sur la rentabilité. Pour Steve, le produit, non l'argent, était la priorité. Il était convaincu que si l'on se concentrait sur le produit, l'argent finirait par arriver. Les membres de l'équipe de direction voulaient appliquer les méthodes standards qu'ils avaient apprises pendant leur MBA et, ce faisant, ils diluaient la vision qui avait primé jusque-là. Ça ne pouvait pas marcher pour une entreprise comme Apple, qui carburait à l'innovation et qui devait sa croissance à la conception soignée des produits.

«John Sculley a ruiné Apple en mettant de l'avant des valeurs corrompues, qui ont corrompu certains cadres et ont fait fuir les incorruptibles, a dit Jobs dans cette entrevue. Il a remplacé ceux-ci par des gens encore plus corrompus, qui se sont versé des dizaines de millions de dollars en primes. Ces gens ont davantage vu à leurs propres intérêts qu'à ce qui était la raison d'être d'Apple : fabriquer des ordinateurs géniaux et utiles pour le grand public.»

Pour sa part, Sculley a écrit dans ses mémoires que Jobs était un fanatique. «Il avait une vision tellement pure qu'elle ne pouvait pas s'adapter aux imperfections de ce monde. [...] On ne pouvait pas mettre en marché des produits de haute technologie comme n'importe quel autre produit grand public; cette conception des choses était complètement démentielle.»

Malgré tout, Sculley et Jobs ont fini par reconnaître leurs contributions respectives au profit d'Apple. Ils se sont échangé quelques courriels. Et Sculley a rendu hommage à Jobs lorsque celui-ci a démissionné. «Steve, lui a-t-il écrit, je te dois énormément. Le monde est un peu meilleur grâce à ta créativité, à ton sens de l'esthétique, à ton souci contagieux de l'utilisateur et à des produits qui nous font sourire.»

Je pense que Sculley a bien exprimé ce que beaucoup d'entre nous pensent.

CHAPITRE 2

LA RENAISSANCE

Il ne faut pas se reposer sur ses lauriers quand on réussit.
Il faut plutôt chercher à faire encore mieux,
à penser au prochain projet.

– Steve Jobs, Bulletin de nouvelles de fin de soirée, NBC, 2006

Apparemment, Steve n'aurait pas très bien pris son départ forcé d'Apple. Mais il n'a pas tardé à en tirer de grandes leçons. En fait, bien des gens, y compris le principal intéressé, pensent qu'il n'aurait pas accompli autant chez Apple sans cette interruption de 11 ans.

Pendant cette période en effet, Steve a mis au point un style de leadership basé sur sa vision et sur sa compréhension du client et du produit. Il a également acquis la maturité nécessaire pour travailler dans une grande société. Enfin, il a développé une image de marque incomparable et une extraordinaire présence sur scène.

Suivant! NeXT!

Lorsque Steve Jobs quitte Apple en 1985, sa fortune personnelle s'élève à 200 millions de dollars. Il n'a pas l'intention de prendre sa retraite pour autant. Que fait-il alors? Il démarre une autre entreprise.

Steve investit beaucoup d'argent dans NeXT Computer Inc. Son but: concevoir un appareil beaucoup plus puissant que le Macintosh, destiné aux utilisateurs avertis et au secteur universitaire. Bien que le NeXT soit le premier serveur Internet digne de ce nom, il est trop cher, trop sophistiqué et trop peu compatible avec les logiciels de l'époque. On n'en vend que 50 000 unités.

La société rationalise alors ses activités pour se concentrer sur la conception de logiciels. C'est d'ailleurs le système d'exploitation du NeXT qui servira de modèle pour la conception du fameux OS X (l'«OS dix», le futur système d'exploitation du Mac). C'est aussi ce qui ramènera Steve chez Apple.

Apple fera l'acquisition de NeXT à la fin de 1996. Malgré l'échec de cette entreprise, l'expérience aura été très stimulante pour Steve. « Le poids du succès a été remplacé par la légèreté d'un nouveau départ, avec moins de certitudes sur le monde[1] », dira-t-il en 2005 à l'Université Stanford, en faisant référence à cette époque qui, de son propre aveu, restera l'une des plus prolifiques de sa vie sur le plan créatif.

Pas qu'une histoire de jouets

En 1986, Pixar, le studio d'animation assistée par ordinateur de la maison de production LucasFilm, est mis en vente. Ce n'était pas dans ses plans, mais Steve en fait l'acquisition pour 10 millions de dollars, avec l'idée de développer un ordinateur spécialisé dans le graphisme haut de gamme, un projet qui finalement ne verra jamais le jour.

Le catalogue de Pixar contient quelques titres intéressants, notamment *Luxo Jr.*[2], réalisé par John Lasseter, mais Steve sent que la société n'ira jamais bien loin dans son état actuel et il vise plus haut. Lasseter lui parle alors d'un projet de court métrage, *Tin Toy* (jouet de fer-blanc), qui séduit assez Steve pour qu'il en finance la réalisation. Les deux hommes montrent ensuite *Tin Toy* à des représentants de Disney afin de les convaincre d'en faire une émission de télévision d'une heure. Or, Disney y voit assez de substance pour en faire un long métrage.

---

1   ISAACSON, Walter. *Steve Jobs,* Paris, JC Lattès, 2011, p. 520.

2   NDT : Ce court film d'animation met en scène deux lampes Luxo (qu'on suppose être une mère et son petit) dont l'une s'amuse avec une balle. Cette lampe a depuis été intégrée au logo de Pixar Animation Studios.

Tin Toy est à l'origine de la superproduction *Toy Story* (*Histoire de jouets*), lancée en 1995, après cinq années de développement, quelques pépins de production et quelques contentieux avec Disney. Ce film redéfinit la raison d'être de Pixar, qui dès lors devient une maison de production cinématographique en bonne et due forme. Aujourd'hui, elle compte plus d'une douzaine de longs métrages à son actif et n'a jamais connu de déficit. En 2006, Jobs échange les parts qu'il détient chez Pixar contre 7,4 *milliards* de dollars d'actions de Disney, ce qui en fait le plus important actionnaire.

Chez Pixar, Steve laisse les animateurs faire ce qu'ils ont à faire. Ce n'est pas lui qui tient le haut du pavé en matière de créativité dans cette entreprise, car il ne connaît pas le domaine de l'animation. Contrairement à ce que diront certains, Steve fait confiance aux gens compétents et talentueux dont il s'entoure pour s'occuper des aspects d'un projet qu'il ne maîtrise pas. En revanche, c'est lui qui dirige les négociations avec Disney. Et c'est là qu'il apprend à faire de la « grosse business ».

Pendant ce temps, chez Apple...

Apple traverse une sombre période après le départ de Steve. Elle essaie de tirer avantage de la plateforme Macintosh en offrant une multitude de modèles, de dimensions et de saveurs. Mais seul le Powerbook, un puissant ordinateur portable, connaît du succès. Il sert d'ailleurs de modèle en termes de portabilité, de capacité de réseautage et d'allure dans un segment du marché de la micro-informatique qui se cherche encore.

Toutefois, la norme Apple se marginalise beaucoup durant cette période. Le secteur de la micro-informatique appartient désormais

à Windows, le système d'exploitation de Microsoft, et à des appareils rendus abordables grâce à la miniaturisation de composantes
très puissantes, notamment ceux de Dell et de Compaq. Apple
réagit en tentant en vain de poursuivre Microsoft en justice sous
prétexte que la société de Bill Gates a copié l'interface graphique
du Lisa. Finalement, après une série d'échecs en termes de produits et de mise en marché, John Sculley est remercié de ses services (par nul autre que Markkula).

Les choses ne s'améliorent guère avec les deux chefs de la direction qui suivent : Michael Spindler et Gil Amelio. Notamment,
Amelio réduit de beaucoup les dépenses d'exploitation, ce qui
est rarement une stratégie efficace, surtout dans une entreprise
basée sur la créativité et l'innovation. De fait, la société enregistre des déficits entre 1996 et 1998. Elle cherche en vain à péné-
trer d'autres marchés, notamment celui des PDA, avec Newton,
un autre coûteux échec.

Retour vers le futur

Malgré des perspectives peu reluisantes, les gens d'Apple ont le
bon sens de voir dans le système d'exploitation de NeXT une
solide plateforme pour la prochaine génération des Macintosh.
Apple rachète NeXT pour la somme de 429 millions de dollars
et ramène Steve Jobs dans son giron à titre de conseiller. On
montre bientôt la porte à Amelio à qui on impute les résultats
médiocres de la société. Steve Jobs devient PDG par intérim.

C'est difficile à imaginer aujourd'hui, mais Apple est vraiment
acculée au pied du mur en 1997. Elle maintient une offre beaucoup trop abondante, son action est à la baisse, son marché,
composé de graphistes, d'étudiants et de professeurs, est beau-

coup trop restreint, son réseau de distribution est fragile, son système d'exploitation est obsolète, ses appareils sont peu compatibles avec les applications existantes. Et Windows prospère.

Steve estime que la société est dispersée et manque d'orientation stratégique. Elle a beaucoup trop de modèles de produits et trop peu de qualité. Ce n'est pas une bonne idée – ni pour le produit ni pour la marque, et surtout pas pour le consommateur. Et ce n'est certainement pas rentable, car on utilise trop de ressources.

Steve n'y va pas de main morte. Il coupe. Pour lui, c'est simple, le marché englobe les consommateurs et les produits, et plus précisément: le grand public, les professionnels, l'ordinateur de bureau et le portable. Il veut une seule plateforme pour chacun de ces quatre quadrants. Entre 1996 et la fin de 1998, il fait passer de 350 à 10 le nombre de produits qu'Apple a sur le marché. Le modèle de leadership de Jobs est sur le point d'éclore et Apple est sur le point de dominer le monde.

Mon iMac

À cette époque, Internet commence à faire fureur. Steve Jobs imagine alors un audacieux appareil aux couleurs vives, dont l'arrière sera «plus beau que l'avant de n'importe quel autre ordi», doté d'un lecteur optique et d'un port USB, mais *sans* unité de disquette. Les détails de la conception, gardée secrète, sont confiés à un designer industriel britannique renommé: Jonathan Ive.

L'iMac tranche vraiment dans un univers de boîtiers beiges insipides. Il n'est pas seulement attrayant, il est cool. Il se vend bien et il est bien reçu par la critique. Grâce à l'iMac, à ses descendants et à un système d'exploitation revampé pour marquer le passage à un nouveau millénaire, Apple retrouve sa place dans le cœur de ses anciens aficionados.

À quoi correspond le « i » dans iMac ? Selon la version officielle d'Apple, il fait référence à Internet. C'est plausible, mais il fait aussi implicitement référence à l'individu, à la personnalisation de l'expérience informatique. En termes de marketing et d'image de marque, ce minuscule « i » s'avère extrêmement puissant.

La trame sonore de la vision

À l'époque où le secteur des point-com atteint son apogée, une petite tempête secoue l'industrie du disque. Elle s'appelle Napster. Cette application permet de télécharger de la musique gratuitement à partir d'Internet. C'est fastidieux, c'est illégal, mais c'est faisable.

Grand amoureux de la musique devant l'éternel, Steve Jobs a compris depuis longtemps qu'elle sera un jour numérisée. Mais le magasinage et les téléchargements devront se faire facilement, la technologie devra être simple d'utilisation et les vendeurs devront toucher des recettes et des bénéfices justes. Tout cela nous semble assez évident aujourd'hui, mais à l'époque, il y avait loin de la coupe aux lèvres.

L'innovation, c'est l'art de la synthèse. Se mettant dans la peau du consommateur, Jobs imagine un appareil qui permet de stocker beaucoup de chansons, si possible une discothèque complète, et qui fonctionne au moyen d'une pile assez puissante pour en écouter longtemps (les quelques lecteurs de musique qui existent alors permettent d'écouter tout au plus quelques pièces). Les téléchargements doivent être non seulement fiables, mais rapides : cinq secondes, et non cinq minutes, pour une chanson. La technologie doit être conviviale : on ne doit pas être obligé de tripoter une dizaine de boutons pendant qu'on fait son jogging. Les gens, il le sait, veulent être en mesure d'accéder à leur musique de façon simple, légale et sans que ça leur coûte la peau des fesses.

Jobs et Apple inventent l'iPod, un appareil qui respecte toutes ces exigences. Il s'agit d'un minuscule disque dur de 1,8 pouces développé par Toshiba au Japon, sur lequel on peut stocker beaucoup de musique. Sa nouvelle pile longue durée lui donne une grande autonomie. Quant au FireWire, le logiciel derrière le gestionnaire iTunes, il permet des téléchargements rapides. Reste le magasinage.

Cet aspect demande de déployer des trésors d'ingéniosité, et Steve lui-même se charge des négociations avec une industrie pas très chaude à l'idée du téléchargement par Internet. Sa solution : la vente de chansons à la pièce pour 99 cents. Ce prix est suffisamment bas pour que les gens acceptent de le payer en échange d'un téléchargement facile et légal, et suffisamment élevé pour que les maisons de disques y trouvent leur compte. C'est une situation *win-win*. Et une énorme entrée de fonds pour Apple.

L'iPod et l'iTunes sont lancés en 2001. L'année suivante, l'action d'Apple entreprend sa fulgurante ascension. Jobs a joué un rôle important pour solutionner un problème dont les gens ignoraient l'existence jusqu'à ce qu'ils se mettent à utiliser l'iPod et iTunes. Les habitudes d'écoute de pièces musicales changent radicalement : aujourd'hui, de moins en moins de gens font jouer des CD sur des chaînes stéréophoniques traditionnelles.

Quant aux ventes d'iPod, elles totalisent à ce jour plus de 300 millions de dollars.

iPhone ou iFun ?

Le succès de l'iPod encourage Steve et son équipe à relever un autre défi, celui de la téléphonie mobile. Les gens, y compris les ingénieurs d'Apple, détestent leurs téléphones mobiles : trop laids, trop compliqués, trop de boutons, pas assez de fonctions, pas assez cool.

Pour remédier à ce problème, Apple conçoit un appareil élégant, facile à utiliser, qui n'a qu'un seul bouton. Il combine certains éléments du système d'exploitation du Mac et les aspects les plus intéressants de l'iPod : miniaturisation, affichage, pile de longue durée et design.

Mais le véritable succès de l'iPhone, ce sont les «Apps». Les développeurs – plus de 100 000 à ce jour – voient le potentiel de cette plateforme et se mettent au travail. Plus de 500 000 applications sont maintenant disponibles par l'entremise de l'App Store. Les applications soutiennent le téléphone, et vice versa. Cette symbiose – que personne d'autre n'a réussi à atteindre (y compris Google avec Android) – fournit à Apple un avantage concurrentiel énorme.

La grande réunion : l'iPad

On a les Apps, l'App Store, l'iTunes, l'écran tactile et une excellente technologie d'affichage. On vit dans un monde de plus en plus axé sur l'image. On a des livres numériques et des liseuses. On a des jeux, des journaux et des magazines en ligne. Et on a un consommateur qui veut et peut être branché pratiquement partout, 24 heures sur 24, mais qui est fatigué de la complexité, des dimensions, du poids et du relatif inconfort de l'ordinateur portable.

Que fait Steve Jobs? Il lance l'iPad. Après, l'iPod et l'iPhone, ça va presque de soi.

Cet appareil est tellement cool que les gens font la queue devant les magasins Apple simplement pour y jeter un coup d'œil. Avec l'iPad, peu importe où l'on est, on peut facilement naviguer sur Internet, regarder des vidéos, lire un livre ou un journal, jouer à un jeu. Nul besoin de souris, de clavier ni même d'une surface plane pour le poser.

Comme c'est souvent le cas avec les produits Apple, on ne sait pas qu'on veut l'iPad tant qu'on ne l'a pas vu. Mais une fois qu'on l'a sous les yeux, c'est le coup de foudre.

L'iPad est devenu l'appareil par excellence pour accéder à Internet, tandis que le PC est relégué à un créneau qu'il occupe bien: le stockage d'importantes quantités de données, la production de gros rapports et de présentations Powerpoint. Le PC convient aux tâches que certaines personnes doivent faire de temps en temps avec un ordinateur, tandis que l'iPad permet à la plupart des gens de faire ce qu'ils font *la plupart du temps* avec un ordinateur.

Un projet contre nature: les magasins Apple

Les produits Apple ont toujours été distribués dans les magasins de détail, à commencer par le Byte Shop de Mountain View, en Californie. Avec le temps, Apple établit un réseau de distributeurs autorisés et exclusifs qui se met à battre de l'aile au milieu des années 1990, au moment où l'entreprise est au creux de la vague. Puis, ce sont les magasins-entrepôts, comme BestBuy, qui prennent la relève. Or, dans ces magasins, on trouve de tout – des Apple, des PC (qui détiennent la plus grosse part du marché), des imprimantes, des accessoires, etc. – et les vendeurs ne sont pas des experts en informatique, encore moins en produits Apple.

PAS DE «VENDEURS DE CHARS» S'IL VOUS PLAÎT!

Steve Jobs n'aime pas ces magasins qui, selon lui, ne servent pas du tout la marque Apple. Les gens qui y travaillent ne sont guère mieux que des vendeurs de voitures d'occasion qui forcent la vente sous prétexte que c'est une aubaine. Pour Steve, l'achat d'un produit Apple est partie intégrante de la philosophie Apple. Il entend donc contrôler cette dimension, en faire quelque chose de positif, pour enrichir l'expérience du consommateur et faire en sorte qu'il s'identifie à sa marque.

LE MAGASIN OÙ ON PENSE AUTREMENT

Lorsque Steve Jobs annonce son intention de lancer une chaîne de magasins Apple en 2000, la plupart des experts du secteur de la haute technologie sont sceptiques. Ils prévoient non seulement qu'il devra faire un énorme investissement, mais qu'il ira à contre-courant de la tendance qui favorise les magasins-entrepôts. Cependant, Steve ne démord pas.

Bien que confiant, Steve ne veut pas se tromper. Comme il ne s'y connaît pas trop dans la vente au détail, il engage des conseillers pour l'aider. Il recrute également deux avant-gardistes du domaine: un ancien cadre supérieur de Target, Ron Johnson, qui a été à l'origine du nouveau look de cette chaîne de magasins à rayons, et l'ancien PDG de Gap, Mickey Drexler. Drexler devient membre du conseil d'administration, tandis que Johnson est nommé directeur de l'exploitation des magasins Apple.

Jobs et Johnson travaillent fort pour donner aux magasins Apple une élégance distinctive. Ils optent pour un look épuré qui ressemble aux produits: lignes simples, surfaces blanches brillantes, touches de métal et de bois. Tous les produits en démonstration fonctionnent et sont branchés sur Internet (ce qui n'est même pas le cas *aujourd'hui* dans les magasins-entrepôts). Steve donne son avis sur les moindres détails.

Autres éléments intéressants: le *Genius Bar,* comptoir d'assistance technique, conçu comme un véritable bar, et les caisses enregistreuses sans fil que les employés portent sur eux, ce qui évite aux clients de faire la queue pour payer (image typique des autres magasins de détail). Dans un magasin Apple, on peut réellement s'attendre à vivre une expérience de magasinage, d'achat et de service après-vente personnalisée.

Il existe actuellement[3] 358 magasins Apple répartis dans le monde. Le lancement d'un nouveau produit – tel l'iPad – y attire toujours des foules. Aucun autre magasin d'appareils de haute technologie n'a connu un tel succès. Par conséquent, la marque est de plus en plus forte et les gens sont prêts à payer davantage pour la posséder, ce qui se traduit par un accroissement de la valeur de la compagnie.

Les magasins Apple constituent un autre témoignage de l'esprit d'innovation de Steve, de son souci du client, de sa vision et de son style de leadership.

---

3   En date de novembre 2011.

Triste journée

Steve Jobs est décédé le 5 octobre 2011 des suites d'une insuffi-
sance respiratoire reliée à la dissémination de son cancer du
pancréas. Le 24 août 2011, Steve avait annoncé qu'il démission-
nait comme PDG d'Apple, tout en restant président du conseil.
« J'ai toujours dit que si un jour je ne pouvais plus remplir mes
devoirs et mes fonctions en tant que PDG d'Apple, je vous le ferais
savoir. Malheureusement, ce jour est arrivé[4]. »

Les problèmes de santé de Steve et les événements qui ont mené
à sa démission et à son décès sont bien connus et documentés.
Aussi, je ne les rappellerai que brièvement.

En 2004, Steve annonce qu'il souffre d'une rare forme de cancer
du pancréas, mais qu'il peut être traité. Plus tard cette année-là,
on l'opère pour lui retirer une tumeur. Au début, les résultats
sont encourageants. Pendant les trois années qui suivent, il
continue d'exercer pleinement ses fonctions de PDG, il fait les
présentations qui l'ont rendu célèbre et il prononce différents
discours, dont celui de l'Université Stanford en 2005.

Les hypothèses sur sa santé vont bon train jusqu'en janvier 2009.
Cette année-là, c'est le VP marketing d'Apple, Phill Schiller, qui
livre le discours d'inauguration à sa place. Jobs annonce ensuite
par voie de communiqué que ses problèmes de santé sont plus
complexes que prévu et qu'il prend un congé de maladie de six
mois. Il subit alors une greffe du foie. Les pronostics sont bons
et il revient chez Apple.

---

4   ISAACSON, Walter. *Steve Jobs,* Paris, JC Lattès, 2011, p. 626.

En janvier 2011, Steve annonce qu'il doit à nouveau partir en congé de maladie. Malgré tout, il fait quelques apparitions publiques : il participe au lancement de l'iPad 2, il prononce le discours d'ouverture de la Worlwide Developer's Conference, et en juin 2011, il assiste au conseil municipal de Cupertino où l'on évalue les plans d'aménagement d'un nouveau siège social d'Apple. Bien que très amaigri, il n'a pas l'air en mauvaise forme.

On connaît la suite. Apparemment, Steve savait ce qui l'attendait, car il a autorisé le journaliste et ancien chef de la direction de CNN, Walter Isaacson, à écrire sa biographie, un ouvrage de plus de 650 pages (certains disent qu'il a commandé cette bio). « Je voulais que mes enfants sachent qui je suis, a dit Jobs dans sa dernière entrevue avec Isaacson. Je n'ai pas toujours été là pour eux. Je voulais qu'ils comprennent pourquoi et qu'ils voient ce que j'ai accompli[5]. »

Le passage ci-dessous, tiré de son discours de 2005 devant les finissants de l'Université Stanford, est souvent cité. Il fait preuve d'une grande sagesse :

> Me rappeler que je serai bientôt mort a été un moteur essentiel pour m'aider à prendre les plus grandes décisions de ma vie. Parce que presque tout — les attentes, la fierté, la peur de l'embarras ou de l'échec —, tout cela s'évanouit face à la mort... Et il ne reste que ce qui compte vraiment. Se rappeler qu'on va mourir est le meilleur moyen d'éviter le piège qui consiste à croire qu'on a quelque chose à perdre. On est déjà nu. Alors, pourquoi ne pas écouter son cœur ?[6]

Si Steve a suivi quelque chose, c'est bien son cœur. Tout dirigeant d'entreprise a intérêt à l'imiter.

---

5 *Ibid.*, p. 624.
6 *Ibid.*, p. 520.

CHAPITRE 3

LE MODÈLE

*On ne peut pas créer un produit extraordinaire
dans une entreprise démocratique. Pour y arriver,
il faut être sous la férule d'un tyran compétent.*

– Jean-Louis Gassée, ancien VP Développement des produits,
Apple

Steve Jobs a été un extraordinaire chef d'entreprise. On en veut pour preuve les résultats d'Apple et la vénération que lui vouent les journalistes financiers, les spécialistes en matière d'innovation, les technophiles et le grand public.

Mais qu'est-ce qui distingue son style de leadership des modèles traditionnels qu'on enseigne dans les écoles de gestion, qu'on apprend sur le tas, qu'on met en œuvre dans pratiquement toutes les entreprises de l'Amérique du Nord (sinon du monde entier) ? Comment arrive-t-on à transformer le «bon» en «extraordinaire» ? Comment Steve Jobs a-t-il pu inciter 40 000 employés à aller dans la bonne direction, à faire la bonne chose, à être heureux de le faire et à être prêts à le refaire ? Comment se fait-il qu'aucune autre société de fabrication de produits de l'envergure d'Apple n'ait réussi à créer autant de valeur pour l'actionnaire ? Bref, quel est le secret du leadership de Steve Jobs ?

Tous les chefs d'entreprise sont des tyrans

La citation de Jean-Louis Gassée au début de ce chapitre donne quelques pistes de réponse aux questions ci-dessus. Décortiquons-la.

Première partie de la citation : Il est fort probable qu'une Apple «démocratique» n'aurait fait qu'ajouter des produits ordinaires à ceux dont l'univers regorge déjà. Nul besoin de conjecturer très longtemps pour s'en convaincre ; on n'a qu'à se remémorer le déclin de l'entreprise, de la marque et de l'intérêt suscité par les produits Apple entre 1985 et 1996, soit pendant les 11 années où Jobs a été absent.

Deuxième partie de la citation : Pour réussir, une entreprise doit être dirigée par un tyran compétent. Pourquoi ? Je n'irai pas par quatre chemins : *Tous les chefs d'entreprise sont des tyrans* — certains à plein temps, d'autres à temps partiel. Ce qui les différencie par ailleurs, c'est l'intention. Il y a en effet une énorme différence entre un dirigeant qui terrorise son entourage pour contrôler, avoir plus d'argent, plus de pouvoir et tout le crédit, et un autre qui le fait pour concrétiser une vision, accomplir de grandes choses.

Cela nous laisse la compétence.

Récapitulons. D'un côté, on a un dirigeant qui compense son caractère tyrannique en sachant ce qu'il fait et en inspirant confiance. De l'autre, on en a un qui ne sait pas où donner de la tête et qui se sert du pouvoir que lui procure sa position pour déprécier ses employés. Il se peut qu'ils obtiennent tous les deux des résultats à court terme, mais on sait lequel des deux réussira à long terme.

C'est donc la compétence qui l'emporte. Et comme on a pu le voir avec Steve Jobs, la compétence pimentée d'un peu de tyrannie suscite le respect, mobilise les gens et accélère les choses.

Un modèle standard

La plupart des ouvrages et des écoles de gestion proposent des définitions du leadership qui sont des variations sur un même thème. Comme elles manquent un peu d'envergure, personne ne sera étonné de constater que Steve Jobs ne s'en est pas inspiré pour développer son propre style. Nous devons quand même examiner brièvement les principaux éléments d'un modèle de gestion standard pour mieux comprendre comment Jobs s'en est écarté.

Gérer, c'est influencer. Or, l'influence fonctionne sur le plan *transactionnel* – par la planification, l'organisation, l'évaluation, la communication, la correction du tir, la récompense – et sur le plan *transformationnel* – par la création d'une vision, la génération d'idées, la motivation, la pensée créative, la représentation, l'élaboration d'une image de marque pour l'équipe.

Sur un plan plus concret, la gestion peut se résumer en une séquence d'actions qui consistent à fixer un objectif pour un groupe donné, à le lui communiquer, à lui procurer les outils nécessaires pour l'atteindre, à lui faire connaître ses propres résultats et à les faire connaître en-dehors du groupe :

- *Planification.* Le leader détermine d'abord l'objectif à atteindre et les moyens individuels et collectifs mis en œuvre pour l'atteindre. Cet objectif doit être précis, clair et mesurable, peu importe le projet : un travail au sein d'une entreprise ou une randonnée en forêt. Le leader décide des tâches à exécuter, des étapes à franchir et du calendrier à respecter. Et il obtient l'accord du groupe.

- *Organisation.* Le leader structure l'équipe pour atteindre l'objectif. Il voit à la formation des membres, leur confie des tâches et responsabilités individuelles en rapport avec leurs objectifs personnels, leur attribue les outils et les ressources nécessaires et leur fixe des délais. Chacun sait ce qu'il a à faire et où il se situe par rapport aux autres.

- *Motivation.* Le leader précise les avantages collectifs et individuels qui découlent de l'exécution des tâches et de l'atteinte de l'objectif. Il aide les membres à vaincre les obstacles, il leur laisse une certaine marge de manœuvre, il les incite à penser au succès collectif et il leur insuffle le *désir* de faire les efforts nécessaires pour réussir. Idéalement, chacun est emballé par le projet, voit ce qu'il peut en retirer et ce que le groupe peut en retirer.

- *Contrôle.* Malgré ses connotations péjoratives, le contrôle consiste essentiellement à veiller à ce qu'il n'y ait pas de dérapage en cours de route. Pour ce faire, le leader mesure les résultats, corrige le tir et renforce la motivation si nécessaire. Bref, il ne perd rien de vue et il maintient le cap.

- *Communication.* Une fois le projet terminé, le leader en communique les résultats au groupe et aux personnes concernées en-dehors du groupe. C'est surtout à cette étape que le marketing et la propagande entrent en scène.

Un bon leader a également intérêt à arrondir les angles. Cela signifie qu'il doit faire preuve d'humanité, d'authenticité, d'empathie, de sensibilité et de tact. Pour que son leadership soit efficace, il doit se mettre à la place de ceux qu'il dirige et non pas se montrer distant et inaccessible.

Tout cela doit vous sembler plutôt figé. Ça l'est. C'est un processus, pas une culture. De fait, dans de nombreuses entreprises, on parle du processus de gestion et du processus de leadership. Steve Jobs n'a jamais envisagé le leadership comme un processus. C'est ce qui fait toute la différence! Et c'est la première leçon à tirer.

Un modèle non standard

Steve Jobs n'a pas adopté l'approche organisationnelle standard. Son style de gestion, plus transformationnel que transactionnel, s'est avéré beaucoup plus pointu, beaucoup plus axé sur les détails et beaucoup plus propagandiste. Il reposait sur une vision unique du client et du produit, une solide culture de l'innovation, une mentalité de l'action et une brillante feuille de route. Les employés réagissaient presque inconsciemment au charisme et à l'influence de Steve Jobs.

Mais Steve Jobs ne s'est pas limité à ce rôle. Contrairement à la plupart des visionnaires, il a participé à l'élaboration des projets et des produits, il s'est investi, il a mis la main à la pâte. C'est ainsi qu'il est devenu *compétent*.

Le style de leadership de Steve commence par le client. C'est à partir de sa vision du client et de ce qui était bon pour celui-ci qu'il a créé une culture de l'innovation au sein de son organisation (composée d'abord de lui-même et de Steve Wozniak, avant de comprendre des milliers de personnes). C'est seulement *ensuite* qu'il a déterminé la tâche à accomplir (à savoir, dans la plupart des cas, fabriquer un produit). Grâce à sa passion contagieuse, il a convaincu son équipe de faire ce qu'il fallait pour mener à terme différents projets, et il a gagné le marché qui n'a pas tardé à devenir accro à ses produits.

Le « tyran »

Forcément, il y a eu un peu de tyrannie. Mais dans la plupart des cas, elle découlait de la passion de bien faire. Si Steve s'est montré exigeant, c'était pour maintenir la créativité à son maximum. Rarement, voire jamais, a-t-il abusé de son pouvoir. Sa tyrannie portait sur la compétence, et non sur le contrôle.

Steve se fiait à sa propre compétence et a tout fait pour la développer au sein de son équipe. « Mon travail, disait-il, ce n'est pas de ménager les gens, mais bien de les réunir autour de projets importants, de leur fournir les ressources nécessaires et d'abattre les obstacles pour qu'ils s'y consacrent pleinement, et ainsi de les aider à se dépasser et à voir plus loin. »

Clairement, Steve Jobs ne visait pas son propre intérêt mais bien la réalisation de quelque chose de plus grand que lui. Pourtant, plusieurs ont vu dans ce message une frénésie du contrôle, de la manipulation, de l'arrogance. Bien des gens qui ont côtoyé Steve ont dit de lui qu'il était capricieux, qu'il avait l'humeur changeante et qu'il était distant. Mais la plupart de ses employés, quelle que soit leur position dans la hiérarchie, trouvaient qu'au contraire, il était facile d'accès et qu'il n'hésitait jamais à les aider – dans la mesure où ils faisaient ce qu'ils avaient à faire et se conformaient au programme en place.

Et hop là !

Il existe néanmoins de nombreux témoignages de la dictature « à la Steve Jobs », dont la plupart ont été rendus publics peu de temps après l'annonce de son départ d'Apple en août 2011 (en une sorte d'éloge de carrière).

Selon Joe Nocera, un journaliste au *New York Times* qui avait fait une entrevue avec Jobs il y a plusieurs années, le patron d'Apple n'était pas intéressé par le consensus. « Il n'écoutait que ses propres intuitions. C'était un dictateur qui faisait dans la microgestion. Il pouvait être un vrai rustre pendant les réunions. Je l'ai vu écraser des employés qui n'avaient pas les idées qu'il fallait. »

Pour sa part, Peter Elkind, du site *CNN Money*, a déclaré que Jobs avait une approche binaire : les idées, les produits, les résultats étaient soit « totalement extraordinaires » soit « complètement merdiques », et un employé était soit « génial », soit « bozo ».

Jobs utilisait d'ailleurs fréquemment ce terme pour décrire ceux qui ne travaillaient pas «dans le meilleur intérêt du client». Et apparemment, il pouvait changer d'idée en un rien de temps : on pouvait passer de l'état de génie à l'état de merde (ou vice versa) pratiquement dans la même phrase.

Dans un article de la revue *Forbes,* Frederick Allen décrit la culture d'Apple comme «un mystère que pratiquement tout dirigeant souhaiterait percer». Il poursuit en supposant que c'est une question de vision, de génie – autrement dit, de compétence – et de charisme. «N'ayez pas peur de vous comporter comme Steve Jobs dans la mesure où vous avez son charisme, sa vision, son génie, son énergie et son tempérament.»

Voilà ce qui complète l'image du tyran compétent.

Une définition que Steve aurait endossée

La personnalité, le style et la réussite de Steve pourraient faire l'objet d'un livre (il en existe d'ailleurs déjà pas mal), mais ce n'est pas vraiment ce qui vous intéresse dans celui-ci, n'est-ce pas? En fait, ce qui vous intrigue c'est la réponse à la question posée par Frederick Allen : Comment Apple fonctionne-t-elle? Ou plutôt, comment Steve Jobs s'y est-il pris pour gérer cette entreprise?

Pour commencer, je vous proposerai une définition du leadership qui s'en tient à l'essentiel et avec laquelle, à mon avis, Steve serait d'accord :

> *Avoir du leadership, c'est inciter les gens à vouloir réaliser quelque chose d'important et leur donner les moyens de le faire.*

Examinons les trois composantes de cette définition.

Importance du projet à réaliser. C'est un aspect capital, directement relié à la mobilisation des gens. En effet, si une personne déploie beaucoup d'efforts pour réaliser quelque chose qui en cours de route s'avère *futile,* elle abandonnera rapidement.

Moyens de le faire. De nombreux leaders oublient que pour accomplir quelque tâche que ce soit l'employé a besoin d'outils et de ressources. Les « moyens » font également référence à une responsabilité qui incombe au leader et qui consiste à abattre les obstacles qui peuvent bloquer l'employé.

Volonté de réaliser le projet. La volonté est souvent associée au leadership. Les bons leaders ne forcent pas les gens à réaliser des choses importantes, mais ils savent très bien comment les motiver. Une personne qui *veut* faire quelque chose, quelle que soit sa motivation (financière, psychologique, ou les deux), le fera probablement mieux et plus rapidement. Au contraire, une personne n'appréciera certainement pas d'être forcée de faire quelque chose ; elle risque de bâcler le travail et ne se sentira bien que lorsqu'elle l'aura fini… et encore !

Bien que les employés d'Apple touchent généralement de bons salaires et qu'ils bénéficient d'un cadre de travail agréable, ils ne carburent généralement pas à ce genre de motivation. La plupart souscrivent à la vision de la société et veulent participer à un projet grandiose.

La motivation a atteint son point culminant dans le cas de l'iPod. Les gens qui travaillaient sur ce projet ont déployé des efforts supplémentaires non pas pour toucher des primes ou se prévaloir des options d'achat d'actions qu'on leur promettait, mais bien parce qu'ils voulaient l'appareil en question !

Les trois composantes de la définition ci-dessus sont imbriquées l'une dans l'autre : il est possible d'accomplir de grandes choses uniquement si les gens veulent les accomplir et en ont les moyens. Dans cette perspective, Steve a fait tout ce qu'il fallait : il a fourni la vision, les outils et le cadre pour permettre la réalisation de projets fantastiques.

Qu'aurait fait Steve ? Un, il aurait réfléchi à un projet vraiment important à réaliser. Deux, il aurait communiqué cette vision à ses employés et il se serait assuré qu'ils partagent son désir de la concrétiser. Trois, il aurait fourni les ressources et abattu les obstacles pour leur permettre de bien travailler.

L'accomplissement avant l'argent et le pouvoir

Steve a toujours su inspirer le respect par sa détermination. Il ne parlait pratiquement jamais d'argent et n'a jamais fait étalage de son immense richesse (à l'exception de quelques magnifiques demeures). Bien qu'il ait été l'un des hommes d'affaires les plus influents de la planète, il ne s'est jamais mêlé de politique et ne s'est jamais immiscé dans les affaires d'autrui. Et sauf lorsqu'il présentait ses produits, il gardait un profil bas. Malgré sa célébrité, il avait un mode de vie relativement ordinaire.

Cela ne signifie pas que Steve dédaignait l'argent ou le pouvoir ; seulement, il les considérait comme des conséquences de ses réalisations, qui étaient son but premier. On ne peut pas en dire autant de la plupart des chefs d'entreprise qui, de nos jours, semblent beaucoup plus intéressés par l'argent et le pouvoir que par leur travail.

Et vous, par quoi êtes-vous motivé : la réalisation de projets ou le pouvoir ? Pensez-y bien avant de répondre.

Le respect

La plupart des leaders efficaces inspirent le *respect*. Et le respect engendre la confiance, qui à son tour consolide le respect, et ainsi de suite. Le leader respecté peut prendre des risques, car on lui donne le bénéfice du doute. C'est un atout appréciable dans une grande organisation, surtout quand les temps sont difficiles. Le leader respecté a aussi tendance à rendre la pareille à ses collaborateurs. Ce respect mutuel est d'ailleurs ce qui pave le chemin de la réussite.

Mais comme nous le savons tous, le respect ne s'obtient pas facilement et il ne s'obtient surtout pas de force. Il vient naturellement, avec le temps.

Voici en quatre points comment Steve Jobs s'est attiré le respect de ses employés, de l'industrie de la haute technologie et du grand public.

LE RESPECT PAR LA VISION

Steve a démontré à répétition qu'il pouvait voir un peu plus loin que tout le monde, et qu'il pouvait créer des produits qui non seulement dépassent les attentes des consommateurs mais comblent des désirs dont ils ignoraient jusqu'à l'existence. On respecte les gens qui, comme Steve, font autorité dans leur domaine et vont jusqu'à le révolutionner. Or, n'est pas visionnaire qui veut. Mais comme nous le verrons plus loin dans cet ouvrage, si vous restez proche de vos clients et que vous gardez un esprit ouvert à l'innovation, vous mettrez toutes les chances de votre côté pour le devenir.

LE RESPECT PAR LE SOUCI DU DÉTAIL

En général, les employés aiment un patron qui comprend ce qu'ils font, qui saisit bien les difficultés, les obstacles et les problèmes auxquels ils peuvent se heurter, qui est capable de les guider de façon pertinente et qui peut mettre la main à la pâte. Ils ont ainsi le sentiment qu'il peut s'identifier à eux.

« Steve était tellement au fait de ce qui se passait dans son entreprise que, lorsque quelque chose ne fonctionnait pas, il était capable de corriger le tir sans arrêter toute la machine, a déclaré John Sculley. C'est une des qualités qu'il avait en commun avec les grands leaders. »

LE RESPECT PAR LA RÉALISATION

Ça se passe presque d'explications. Steve a prouvé à maintes reprises qu'il avait vu juste en termes de produit et de marché, sans compter qu'il a mis sur pied l'une des sociétés les plus prisées du monde. Pour ces raisons, il imposait le respect.

LE RESPECT PAR L'IMAGE DE MARQUE

On respecte un leader qui adhère tellement à son entreprise et aux produits qu'elle fabrique, qu'il n'hésite pas à les incarner, à s'intégrer à leur image de marque. C'était le cas de Jobs. C'était aussi le cas de Lee Iacocca, par exemple : il faisait corps avec Chrysler et ses produits.

Jobs et Iacocca participaient à toutes les phases du développement de leurs produits, étaient les principaux porte-parole de leurs sociétés respectives, s'investissaient beaucoup plus que des dirigeants «normaux». Et aucun des deux ne le faisait à des fins de promotion personnelle, ce qui était évident tant pour les employés que pour le grand public. Il ne fait aucun doute qu'une telle attitude contribue à bâtir le respect.

Un bras droit pour un gaucher

Steve Jobs connaissait ses limites. Il était extrêmement doué pour la conception de produits et il comprenait les besoins des clients mieux qu'eux-mêmes, mais les finances et l'administration n'étaient pas sa tasse de thé – ce qui ne l'empêchait pas d'être très exigeant dans ces secteurs. (On dit aussi qu'il démontrait parfois une meilleure connaissance des chiffres que les comptables d'Apple.)

Ce gaucher a donc toujours eu un excellent bras droit pour s'occuper de la direction de l'entreprise et de «tout le reste», c'est-à-dire tout ce qui ne concernait pas le marketing et le développement de produits. Mike Markkula, Mike Scott, John Sculley se sont succédé au poste de PDG d'Apple (à une époque où Steve n'avait même pas 30 ans). Quant à Jay Elliot, il a agi à titre de premier vice-président après le retour de Jobs.

Un bon leader s'adjoint un bon complice, et lui fait confiance. Un bon visionnaire est secondé par quelqu'un qui s'occupera du pratico-pratique. Ils doivent être sur la même longueur d'onde, former une alliance stratégique. Ce fut le cas d'Abraham Lincoln et d'Edwin Stanton, de Bush et de Cheney, de Jobs et de Sculley (du moins, au début, même si ça n'a pas tenu la route). Cela vous semble peut-être évident, mais n'oubliez pas que plusieurs dirigeants pensent qu'ils peuvent tout faire… et frappent un mur (on n'a qu'à penser à Carly Fiorina chez HP).

Le modèle de leadership de Steve Jobs

Les visionnaires, y compris Steve Jobs, agissent par instinct ou par expérience. Il est difficile de condenser leur *modus operandi* en un modèle définitif.

Mais comme la raison d'être de ce livre est de saisir l'essence du leadership de Steve Jobs, c'est pourtant ce que je ferai. Mais attention, je ne décrirai pas son approche étape par étape. Il sera plutôt question de processus de pensée, d'état d'esprit et d'attitude dont vous pourrez vous inspirer, et ce, que vous dirigiez un petit groupe de travail ou une grande entreprise.

SIX ASPECTS

Bien que le leadership de Steve Jobs défie toute idée reçue, il est clair pour moi qu'il repose sur six éléments cruciaux.

On retrouve tout d'abord une préoccupation constante, voire une obsession, pour le client et le produit. Cela place déjà le style de Steve dans une catégorie à part. En effet, la plupart des dirigeants s'intéressent beaucoup plus à l'organisation et aux chiffres.

Le «Client» et le «Produit» sont donc les aspects les plus évidents et les plus transparents du leadership de Steve Jobs. Mais c'est grâce à quatre autres maillons que le produit rejoint le marché. L'un d'eux est la «Vision», soit ce qui permet de faire l'équation entre le besoin, l'expérience du client et la conception d'un produit particulier. Un autre maillon correspond à la «Culture», soit la création d'un climat organisationnel qui favorise l'innovation, l'accomplissement et le dépassement.

De nombreuses entreprises connaissent leurs clients (mais elles sont encore plus nombreuses à ne pas les connaître), et souvent elles fabriquent de bons produits. Mais elles ne maîtrisent pas la séquence des événements entre les deux ; leurs autres maillons sont faibles. C'est le cas notamment des entreprises japonaises : elles ont une connaissance intime de leurs clients et de leurs besoins, et elles peuvent fabriquer d'excellents produits. Mais leur manque de créativité, leur tendance à la conformité et leur incapacité à avoir une vision globale leur nuisent.

Cela dit, pour amener le produit au client, ou, si l'on veut, pour le lui vendre, il faut quelque chose de plus que la vision et la culture. Steve était passé maître dans l'art du lancement de produits, et il savait susciter de formidables attentes pour ceux-ci, et ce, mieux que quiconque dans l'histoire de l'entreprise américaine. Le « Message » est donc un cinquième aspect de son leadership. Il englobe non seulement les messages qu'il communiquait au grand public, mais ceux qu'il communiquait à ses équipes pour renforcer leur motivation, leur intérêt, leur concentration et leur énergie en vue de s'attaquer au prochain iProduit.

Grâce à ces cinq éléments, on est en mesure de créer un produit pertinent qu'on destine à un marché approprié. C'est déjà pas mal. C'est ce que font les bons chefs d'entreprise. Mais Steve Jobs allait plus loin. Il exploitait un sixième aspect un peu plus abstrait : son « Image de marque ». Son image personnelle était indissociable de celle d'Apple. C'est ce qui manque à la plupart des leaders : ils ne savent pas comment faire le marketing de leur propre personne et de leur réussite. Or, c'est ce qui impose le respect et perpétue le succès.

Voilà pour les six aspects du modèle de leadership de Steve Jobs, qui par ailleurs structurent le reste du présent ouvrage. Récapitulons.

- *Client.* La plupart des entreprises s'y prennent mal pour comprendre ce qui se passe réellement dans la tête de leurs clients. Steve, lui, se concentrait sur ce qui les irritait et sur ce qu'il pouvait faire pour remédier à la situation. C'est l'objet du chapitre 4.

- *Vision.* Steve Jobs avait une vision globale du produit, des besoins du client et de l'expérience vécue par le client. Le chapitre 5 porte sur l'étendue de cette vision et sur la façon dont il a réussi à la communiquer à tous les échelons de son entreprise.

- *Culture.* La culture organisationnelle… c'est souvent là que le bât blesse dans les entreprises. L'innovation est la plupart du temps reléguée au service de recherche et développement. Elle ne fait pas partie du quotidien de l'entreprise. Le chapitre 6 montre comment Steve a insufflé une mentalité d'innovation à ses collaborateurs et employés, comment il les a encouragés à penser autrement.

- *Produit.* Pour plusieurs entreprises, c'est le point de départ. Pour Steve Jobs, le produit était la résultante d'une vision et d'une culture. Le chapitre 7 décrit comment Steve et Apple ont conçu et développé des produits qui définissent le marché et que les consommateurs s'arrachent littéralement.

- *Message.* Avoir le bon produit ne suffit pas ; il faut aussi en parler de manière à attirer l'attention. Steve savait y faire. Il lançait lui-même des produits que le public attendait avec impatience. Ça faisait partie de son style de leadership. Le chapitre 8 porte sur la façon dont il s'y est pris pour susciter un tel enthousiasme et une telle passion dans le marché.

- *Image de marque.* Le neuvième et dernier chapitre porte sur l'élaboration de l'image de marque *personnelle.* C'est une notion plus abstraite, plus difficile à saisir, qui a rapport à la réputation, au respect et à la crédibilité. Mais comme nous le verrons, elle facilite la vie des leaders.

CHAPITRE 4

LE CLIENT

Si j'avais demandé à mes clients ce qu'ils désiraient,
ils m'auraient répondu : « Un cheval plus rapide ! »

– Henry Ford

La pièce où sont installés les gens de l'équipe marketing est plongée dans l'obscurité. On leur a servi un joli buffet froid : fromages, crudités, mini-sandwichs, noix, chocolats, eau, jus, boissons gazeuses, thé, café. La seule source d'éclairage vient de la salle de conférence de l'autre côté de l'épaisse glace sans tain. Six hommes et femmes sont réunis autour de la longue table. Eux aussi, ils ont un buffet, mais il a l'air moins appétissant.

Ces participants ont été choisis soi-disant au hasard pour décrire comment ils se servent du produit testé, en l'occurrence un PC. « Mon chien s'échappe souvent, dit une dame vêtue d'une robe rose saumon. Il cherche à sortir aussitôt qu'on ouvre la porte. C'est donc pour faire des affiches "Chien perdu" que j'utilise surtout mon ordinateur. »

On trouve ça drôle dans la pièce obscure. « Elle est bonne celle-là », dit un gestionnaire de produit. « Moi, déclare la personne suivante, je me sers de mon PC pour faire mon budget, et mes enfants, pour faire leurs devoirs. »

Et ainsi de suite pendant toute la soirée. Les clients racontent comment ils utilisent leur ordinateur et décrivent leurs principales sources de frustration : il ne démarre pas assez vite, il plante à l'occasion, il n'est pas très compatible avec tel ou tel logiciel, etc. Les gens de l'équipe marketing écoutent en cassant la croûte.

Un exercice… futile

Ce soir-là, les gens de l'équipe marketing ont-ils appris quelque chose sur leurs clients ? Ont-ils eu de quelconques révélations sur la façon dont ils utilisent leurs produits et sur ce qu'ils *désirent* vraiment? Ont-ils compris quelque chose de l'expérience client? Probablement pas. Ils avaient déjà entendu tout ce qui s'est dit autour de la table. Mais ils ont pu cocher la case «Recherche» dans leur plan de travail.

Quant aux membres de la haute direction de l'entreprise qui fabrique le produit testé, connaissent-ils mieux leurs clients après cet exercice? Certainement pas. Ils n'assistaient même pas au groupe de discussion. Certains en ont lu le compte rendu. Mais celui-ci est tellement édulcoré (pour ne pas déranger les dirigeants dans leurs convictions) qu'il ne donne vraiment aucune information pertinente.

De toute façon, personne ne peut se fier à ce qui s'est dit dans ce groupe de discussion pour prendre quelque mesure que ce soit, puisque, de façon générale, les groupes de discussion ne sont pas statistiquement représentatifs. Les résultats de ce genre d'exercice doivent toujours être complétés par une étude quantitative.

Le compte rendu du groupe de discussion a donc été rangé sur la même étagère que les précédents. On a validé ce qu'on pouvait valider. On a apporté quelques modifications au produit pour régler quelques problèmes et on a ajusté son prix. Somme toute, on l'a amélioré, sans pour autant en faire quelque chose de différent. Puis, on est passé à autre chose, notamment à la prochaine étape du plan de développement des produits.

Et le client a obtenu un cheval plus rapide.

Un cheval plus rapide
ne donne pas grand-chose

L'histoire précédente est vraie. J'en ai été témoin. Elle se déroulait dans une grande société technologique de la Silicon Valley. Sauf pour quelques détails sans importance, elle est représentative de ce qui se passe dans pratiquement toutes les entreprises qui cherchent à connaître leurs clients. Ça explique en partie pourquoi Apple est Apple et pourquoi toutes les autres sont ce qu'elles sont.

La citation de Ford était l'une des préférées de Jobs. Si l'on demande à un groupe de consommateurs ce qu'on pourrait faire pour améliorer un produit qu'ils utilisent, ils répondront habituellement en se concentrant sur ses problèmes, en pointant du doigt la lenteur du cheval.

Les ingénieurs réagiront alors en tentant de concevoir un cheval plus rapide, mais sans se demander si le cheval est vraiment ce qui convient. C'est plus facile d'améliorer le cheval, car tout le monde comprend le cheval. Ils seront d'ailleurs encouragés par les réactionnaires qui se situent à tous les niveaux de l'organisation, y compris à la haute direction. Forts d'un raisonnement à toute épreuve, ces gens sont capables de tuer dans l'œuf toute tentative visant à proposer autre chose que leur cheval adoré. Résultat : le cheval reste en place et, au mieux, bénéficie d'améliorations graduelles.

Steve Jobs faisait les choses différemment. Il remettait en question le cheval lui-même. Effectivement, on pouvait s'arranger pour que la bête soit plus rapide, plus stable, plus frugale tant en termes de nourriture que d'entretien. Mais ce que le consommateur voulait vraiment, c'était un moyen de locomotion. Non seulement plus rapide, mais facile à utiliser, à entreposer et à entretenir, sec, confortable, fiable, économique, capable de faire des plus longs trajets et de transporter des passagers. Aujourd'hui, on n'a aucune peine à voir que l'automobile est nettement plus avantageuse que le cheval. Mais à l'époque, il a fallu Henry Ford.

À l'instar d'Henry Ford, Steve Jobs n'embauchait pas de conseillers, ne faisait pas de recherche marketing et avait une façon bien à lui de sonder les consommateurs. Que savaient donc ces deux hommes qui semble échapper à la plupart des entrepreneurs américains?

Ce qui cloche dans la « connaissance du client »

Dans les années 1980, inspirées par les Japonais, les entreprises mettaient l'accent sur les critères de qualité et les techniques de fabrication des produits. C'est dans les années 1990 qu'on a commencé à se concentrer sur le client. On s'est mis à le surveiller, à le sonder, à être à l'écoute de ses désirs.

Le réseau Internet a intensifié le phénomène. Dans les années 2000, on a en effet vu apparaître la « conception collaborative » et l'« externalisation ouverte » (ou *crowdsourcing)*, processus où les consommateurs ne se contentent plus de commenter les produits mais participent à leur conception.

Pour connaître son client, une entreprise doit entrer en relation avec lui, favoriser un dialogue qui débouche sur une compréhension mutuelle. La communication, la patience et l'écoute peuvent inciter le client à révéler ses plus profondes pensées sur l'entreprise, ses produits, sa mise en marché et son service à la clientèle. En retour, l'entreprise peut utiliser cette information pour rendre son client heureux.

C'est le modèle standard pour connaître le client. C'est celui que la plupart des entreprises et organisations (gouvernements, écoles et autres organismes sans but lucratif) utilisent. S'ils sont bien gérés, ces contacts avec les consommateurs ne peuvent pas nuire. Au mieux, ils seront utiles.

Cette approche vous aidera à améliorer votre produit et l'expérience client de façon graduelle. Mais peu importe la qualité et le niveau de renseignements que vous obtiendrez, ceux-ci ne vous permettront pas de révolutionner quoi que ce soit.

LA MANIÈRE DE VOIR DU CLIENT

Voici en trois points pourquoi les informations que vous pouvez tirer de vos clients comportent d'importantes lacunes :

- *Les clients ne voient que ce qu'ils connaissent.* Comme c'était le cas du groupe de discussion décrit au début de ce chapitre, la plupart des consommateurs ne sont sensibles qu'à ce qu'ils connaissent, notamment les défauts et les désagréments d'un produit donné. Autrement dit, ils sont incapables de voir son potentiel. Vous pouvez écouter vos clients, surtout si vous avez l'intention de remédier à ce qu'ils voient comme des problèmes, mais n'attendez pas d'eux qu'ils vous indiquent quelle direction prendre pour l'avenir.

- *Les clients ne voient que ce qu'ils ont.* Les consommateurs ne peuvent pas concevoir d'autres produits que le vôtre ou ceux de vos concurrents. Pensez-y : si on vous demandait de parler de voitures par exemple, vous parleriez sans doute de la vôtre, peut-être même des caractéristiques d'un modèle concurrent. Mais il y a peu de chance que vous soyez capable d'imaginer ce qui vous manque et ce que vous aimeriez qu'on ajoute à votre véhicule.

- *Les clients ne voient pas ce qu'ils* pourraient *avoir.* Les consommateurs n'ont pas vraiment d'imagination quand il est question de produits. Ils ne s'y connaissent pas en technologie (ou en finance) et ils ignorent ce qu'il est possible de faire. Pour reprendre les termes de Jobs, «les gens ne savent pas ce qu'ils veulent tant qu'ils ne l'ont pas sous les yeux[1]».

Encore une fois, tout est une question d'attente. Les informations que vous livreront vos clients ne sont pas inutiles, mais elles ne vous permettront pas de créer le prochain produit novateur.

PAS LES « BONS » CLIENTS

La plupart des chefs d'entreprise pensent le plus grand bien de leurs plus gros clients et tiennent compte de leur opinion. Normal, car ce sont eux qui font vivre leur entreprise. Si c'est votre cas, n'oubliez pas que ces clients sont déjà satisfaits de vos produits, sinon ils ne les achèteraient pas. Si vous insistez pour leur demander leur avis, ils vous suggéreront peut-être de légères modifications. Mais en fait, puisqu'ils achètent beaucoup de vos produits, vous risquez davantage de vous faire demander une baisse de prix…

Il ne s'agit pas d'ignorer ces clients, mais bien d'être conscient du fait qu'ils ne vous entraîneront pas sur la voie de l'innovation.

PAS LE « BON » MOMENT

Les consommateurs sont dans l'ici-maintenant et dans le passé. Ils connaissent les produits que vous vendez et ceux que vos

---

1   ISAACSON, Walter. *Steve Jobs,* Paris, JC Lattès, 2011, p. 637.

concurrents vendent. Mais ils ne savent pas ce dont ils auront besoin dans cinq ans ni même dans un an. Autrement dit, ils sont incapables de concevoir ce qui est possible, surtout dans le secteur des technologies.

Bref, en cherchant à connaître vos clients et en écoutant bien ce qu'ils ont à dire, vous arriverez à comprendre ce qui leur déplaît : quelques caractéristiques que vous pourrez modifier et le prix que vous serez peut-être obligé de baisser. Pour avoir des idées de produits concrets, vous devrez faire preuve d'imagination.

La compréhension du client

Si vous êtes à la barre d'une organisation, que ce soit une entre-prise ou un simple service, vous devez vraiment comprendre vos clients. Tout d'abord, ne laissez personne d'autre – comme un conseiller par exemple – le faire à votre place. Ensuite, ne vous laissez pas submerger par les demandes de vos clients, car ils ne savent pas de quoi ils parlent. Entendez-moi bien. Ils savent que pour accomplir telle ou telle tâche, ils ont besoin d'un produit, le vôtre en l'occurrence, mais ils ignorent de quoi ils ont *réelle-ment* besoin pour améliorer leur sort.

C'est en cela que Steve Jobs était différent. Comprenait-il mieux la technologie et le fonctionnement des produits ? Était-il un meilleur orateur ? Savait-il mieux s'entourer ? Peut-être. Mais ce qui le mettait dans une classe vraiment à part, c'était sa compré-hension des consommateurs, son *empathie passionnée* pour les clients. Il était capable de transformer leurs besoins – des besoins si profonds qu'ils en ignoraient l'existence – en solutions.

Vous devez développer cette faculté. Elle vous aidera à prendre de bonnes décisions, à imposer le respect et à établir votre crédibilité – les éléments essentiels d'un leadership efficace. Vos employés vous feront confiance et se fieront à vous pour les guider. La compréhension du client est littéralement ce qui distingue les entreprises et les entrepreneurs exceptionnels.

En tant que chef d'entreprise, vous devez donc comprendre le client de l'intérieur, saisir ce qu'il expérimente, vous mettre à sa place. Bien entendu, vous ne devez pas être le seul à posséder cette expertise, et vous devez la transmettre à tous les niveaux hiérarchiques. Mais gardez la main haute dans ce processus, ne déléguez jamais complètement cette tâche.

Comment développer le sens du client

Steve Jobs n'a pas utilisé de méthode pour développer son sens aigu du client. Il l'a fait intuitivement. Mais le commun des mortels n'a pas son talent. Vous comme moi avons besoin de consignes, de recettes, surtout pour adapter nos sensibilités aux besoins « profonds » du client.

J'ai donc décomposé en trois étapes essentielles ce qui m'apparaît être la façon dont Steve Jobs s'y prenait pour comprendre le client :

- *Voir* le client
- Vivre l'*expérience* du client
- *Être* le client

Examinons chacune d'elles en détail.

Voir le client

Vous pouvez *voir* vos clients par l'entremise d'enquêtes ou d'autres outils de mesure, ce qui vous amènera ensuite à quantifier, à segmenter. Vous pouvez même les observer littéralement pendant qu'ils utilisent et testent vos produits (en tenant compte du fait qu'ils n'auront peut-être pas un comportement « naturel » s'ils se savent observés).

C'est là un bon départ, mais la connaissance que vous en tirerez sera superficielle. Vous aurez une idée du genre de personnes qui achètent vos produits et de la façon dont elles s'en servent. Mais vous ne saurez pas comment vos clients *pensent* et ce qu'ils *pourraient faire* avec les produits.

Pour en arriver là, Steve Jobs s'identifiait au client, entrait dans sa tête, pensait comme lui, cherchait à savoir comment il était devenu un client d'Apple, quelle opinion il avait du produit et de ceux de la concurrence. Il ordonnait à tous ses collaborateurs d'en faire autant.

Steve ne se limitait pas à ses gros clients. Il réfléchissait aussi aux clients plus marginaux, aux gens qui n'étaient pas encore ses clients. Il se demandait comment les technologies numériques pouvaient améliorer leur vie.

Ainsi, l'amateur de musique qui faisait des pieds et des mains à la fin des années 1990 pour télécharger de la musique à partir d'Internet n'était probablement pas un client d'Apple ou alors un client marginal. Étant mélomane lui-même, Steve était fasciné par la numérisation de la musique. Il sentait que les bonnes technologies pouvaient révolutionner cet univers tout comme l'avait fait l'informatique pour l'éditique et l'infographie des années plus tôt.

LE PROFILAGE

Imaginez un jeune graphiste dans la trentaine qui habite en ville et utilise les transports en commun, une mère de deux enfants qui vit en banlieue et qui fabrique des vêtements en batik pour arrondir ses fins de mois, une enseignante de 42 ans qui donne aussi des cours privés de musique à temps partiel, un propriétaire d'entreprise semi-retraité de 75 ans.

Vous connaissez ce genre de personnes, n'est-ce pas? Mais je suis à peu près certain que vous n'avez jamais envisagé leurs besoins en matière d'informatique ou de médias numériques.

Chez Apple, on le fait en développant des profils de clients. Il s'agit de courtes biographies de clients-types – certains traditionnels, d'autres plus marginaux – assorties de leurs comportements-types. Ces personnages sont ensuite mis en scène dans le cadre d'expériences et de besoins divers, qui donnent lieu à des séances de remue-méninges sur leurs problèmes et les moyens de les régler.

Très peu d'entreprises font cet exercice; elles se fient plutôt à la segmentation standard qui divise le marché en «producteurs», «technologues», etc. Pourtant, ce genre de profilage est plus réaliste, plus pertinent et plus fructueux. Essayez pour voir.

Une fois qu'il avait commencé à *voir* le client qu'il avait à l'esprit, Steve Jobs cherchait à *penser* comme lui. Il se mettait à sa place afin de comprendre ce qui pourrait améliorer et renouveler son expérience.

Vivre *l'expérience*

Tout produit ou service est une expérience. Elle commence lorsque le client remarque l'existence d'un produit donné et elle se termine quand le client jette ou remplace le produit. Dans le monde de l'entreprise, la mode est à l'« expérience client globale », une expérience qui s'articulerait autour d'un produit vedette. Mais ce n'est pas tout le monde qui réussit à le faire concrètement.

C'est justement ce qui distingue l'approche de Steve Jobs. Son observation du client était assez profonde pour qu'il comprenne vraiment ce qu'il vivait.

LES IRRITANTS

On dit de Steve et de ses collaborateurs qu'ils étaient passés maîtres dans l'art de mettre le doigt sur ce qui pouvait être une source de frustration dans un produit ou un processus : opacité du système d'exploitation, lenteur du démarrage d'un appareil, excès de touches sur un téléphone cellulaire, multiplication des étapes de téléchargement de la musique, etc.

Mais Steve et son équipe ne se limitaient pas à ces problèmes génériques. Ils examinaient les différents profils de clients et cherchaient à savoir dans quelle mesure les produits existants répondaient à leurs besoins et comment des produits qui restaient à inventer pourraient améliorer leur sort.

Le lancement d'iTunes en avril 2003 est un parfait exemple de ce type d'analyse. Ainsi, lorsqu'il a présenté cette application, Steve a d'abord énuméré les avantages du téléchargement de la musique tel qu'il se faisait à l'époque :

- Vaste choix de musique : «meilleur que dans n'importe quel magasin de disques sur la planète»
- Possibilité de graver un nombre illimité de CD
- Stockage sur n'importe quel lecteur MP3
- Et c'est gratuit !

Puis il est passé aux irritants :

- Faible fiabilité des téléchargements (souvent interrompus)
- Risque de mauvaise qualité des enregistrements
- Impossibilité d'écouter des extraits avant de télécharger
- Absence de pochette et d'informations connexes
- Et c'est du vol !

L'analyse de ces irritants a mené aux négociations historiques avec l'industrie du disque. On connaît le résultat : la possibilité de télécharger des chansons à la pièce pour 0,99 $, et la transformation d'iTunes, gestionnaire de discothèque personnelle, en iTunes Store, application de téléchargement transparente. Toutes ces nouveautés ont d'abord dérangé avant de devenir la norme dans le secteur de la musique.

LA SIMPLICITÉ OU LA COMPLEXITÉ

Steve insistait pour que les choses soient simples et le restent. Les séquences de touches complexes ou les commandes avec le bouton droit de la souris Microsoft le rendaient fou. En substance, son approche reposait sur la question : «Comment pouvons-nous améliorer un produit en le simplifiant ?» Steve et ses collaborateurs se sont même arrangés pour rendre obsolètes les guides d'utilisation et autres feuillets de «démarrage rapide».

Les produits Apple, et surtout ceux qui ont été fabriqués à partir de 2000, ont toujours été simples, clairs et nets, et leurs fonctions, évidentes. À ce chapitre, le summum a sans doute été atteint avec l'iPhone et son unique bouton. Il est en effet un modèle de «simplicité élégante», un concept sur lequel nous reviendrons au chapitre 7.

UNE EXPÉRIENCE SENSORIELLE

Steve et ses collaborateurs voulaient que leurs produits procurent une expérience sensorielle. C'est assez réussi. En effet, le sens de la vue, du toucher et de l'ouïe sont très sollicités dans les produits Apple. Même l'emballage contribue à cette expérience. Quiconque a acheté un produit Apple, ouvert l'emballage et utilisé l'appareil le sait.

POUR REMÉDIER AU MANQUE D'INTUITION

Il est évident que Steve Jobs avait un talent fou pour comprendre ce que vivaient les clients, pour repérer ce qui pouvait les irriter et, surtout, pour remédier à la situation. Il était pratiquement clairvoyant. Nous ne sommes pas tous aussi doués ou nous n'avons pas tous autant confiance en nos intuitions. C'est pourquoi je vous donnerai ici quelques conseils pour améliorer votre gestion de l'expérience client.

- *Observez purement et simplement.* C'est une idée que l'auteur et expert en innovation, Nicholas Webb, a eue en regardant ses jeunes enfants jouer. Il s'agit d'observation en temps réel. Remettez un de vos produits à un client, qu'il soit ou non dans son emballage, et regardez attentivement comment il l'utilise, ce qu'il fait du début à la fin. Vous en tirerez des leçons qui n'ont rien à voir avec l'information que vous obtiendriez d'un groupe de discussion. Et n'oubliez pas que vous devez le faire vous-même en tant que chef d'équipe.

- *Laissez les pionniers faire les erreurs.* Apple n'a jamais fait les premiers pas dans la plupart des marchés qu'elle domine actuellement. Les ordinateurs personnels, les lecteurs MP3, les téléphones cellulaires et les tablettes existaient tous sous une forme ou une autre avant qu'Apple les perfectionne. Étudier les erreurs des pionniers et chercher à les corriger par vos produits offre une valeur ajoutée au client, ce qui est un excellent principe de gestion. Voyez les Japonais : ils l'ont fait avec les voitures. Bref, ne cherchez pas à inventer, cherchez plutôt à parfaire.

- *N'ayez pas peur de creuser.* N'hésitez pas à demander à vos clients ce qui les dérange dans vos produits. Posez-leur directement la question. Peut-être que vous n'apprendrez rien d'utile, mais chose certaine, vous n'apprendrez rien du tout si vous n'essayez pas.

DE GRÂCE, LIBÉREZ-NOUS DE CES IRRITANTS

Si vous regardez attentivement autour de vous, vous constaterez qu'il y a de quoi être irrité dans beaucoup de secteurs… et qu'il y a moyen d'en tirer parti. La prolifération des caisses libre-service, par exemple, est quelque chose qui m'énerve au plus au point. Avez-vous déjà été sur le point de perdre patience à force d'attendre que la personne devant vous dans la queue repère le foutu code barre sur une pièce de boyau d'arrosage de 25 cents ? À tout bout de champ, il faut appeler un préposé pour régler ce genre de problèmes. Les magasins d'alimentation et les magasins-entrepôts ne voient-ils pas à quel point ils nous embêtent pour éviter de payer des caissiers et caissières au salaire minimum ? Mais comme certains d'entre eux en ont pris conscience récemment, on assiste à un retour du balancier. Dieu merci !

Je fais également une fixation sur l'industrie de l'énergie solaire. À mon avis, ce n'est pas parce que la technologie n'est pas au point qu'elle n'est pas plus prospère, mais bien à cause de tout un tas de petites contrariétés : le consommateur n'a pas le choix de faire affaire avec un concessionnaire qui réalise un profit de 100 % sur tout son matériel et prétend que l'installation est beaucoup plus complexe qu'elle ne l'est en réalité. Pas étonnant que nous ne soyons pas plus nombreux à avoir envie de passer à l'énergie solaire. On ne cherche pas à nous servir ici, mais bien à nous vendre un produit à gros prix. Si un jour un fabricant distribue chez Home Depot des panneaux solaires modulaires qu'on peut installer à l'aide d'un convertisseur et de consignes claires, beaucoup plus de gens se convertiront à l'énergie solaire, à commencer par moi.

Bref, il faut améliorer l'expérience.

Être le client

Maintenant que vous avez votre client à l'esprit et que vous avez compris son expérience, il ne vous reste plus qu'à vous mettre dans sa peau. Efforcez-vous de voir les choses comme il les voit. C'est le troisième et dernier aspect de l'empathie passionnée que Steve Jobs éprouvait pour le client. Encore une fois, c'est d'abord à vous, le dirigeant, de faire cet exercice. Ne confiez pas cette tâche à quelqu'un d'autre.

Pour emprunter le point de vue du client, posez-vous les questions suivantes:

QU'EST-CE QUE JE VOUDRAIS?

Ça vous semble peut-être simple comme question, mais vous seriez étonné de voir combien de chefs d'entreprise ne pensent pas à ce qu'ils voudraient retrouver eux-mêmes dans un produit. Mais si vous avez bien cerné votre client en le *voyant* et en comprenant *son expérience,* vous ne devriez pas avoir de difficulté à savoir ce qu'il voudrait.

Non seulement Steve Jobs faisait-il cet exercice, mais il encourageait ses collaborateurs à le faire. Il demandait aux concepteurs, ingénieurs, agents de marketing, comptables, adjoints – bref, à tout le personnel d'Apple – de penser aux caractéristiques d'un produit ou d'un concept à venir. Si plusieurs volontés pointent dans la même direction, ça vaut la peine de tenter le coup! Cette façon de faire mobilise et rallie comme pas une.

QUELS SONT LES BESOINS PROFONDS DU CLIENT?

Le client veut-il simplement un lecteur de musique portatif ou désire-t-il un lecteur qui produit un son impeccable, qui procure une expérience sensorielle fantastique, qui est facile à utiliser, qui a l'air vraiment cool et qu'on peut remplir de chansons qui ne coûtent que 99 cents chacune et qui sont faciles à télécharger? Lorsque vous réfléchissez à un produit ou à un service qui répond aux besoins d'un client, ne vous arrêtez pas à ses deux ou trois premières caractéristiques. Celles-ci régleront les problèmes du client, mais si vous allez plus loin, vous répondrez à ses besoins profonds, à ses besoins *complets*.

QU'EST-CE QUI ME SURPRENDRAIT ET M'ENCHANTERAIT?

Si vous réservez une chambre dans un hôtel à prix moyen, vous vous attendez à une prestation moyenne: lit moyennement confortable, serviettes propres, tranquillité relative, décoration agréable. Mais si, en plus, on vous offre le petit déjeuner, le journal et la mini-boîte de chocolats sur l'oreiller, soit des suppléments dignes d'un hôtel de luxe, vous serez surpris et enchanté, pas vrai?

Tout client réagit favorablement aux aspects d'un produit et aux expériences sensorielles qui le surprennent et l'enchantent – et il est prêt à payer davantage pour les obtenir. Mettez-vous dans la peau de votre client pour envisager ce qui pourrait le surprendre et l'enchanter dans vos produits et services. N'oubliez pas que les surprises qui simplifieront son expérience (plutôt que de la compliquer) seront les plus appréciées et auront plus d'impact.

AU-DELÀ DU PRODUIT

L'expérience client parfaite s'étend au-delà du produit. Ainsi, tout produit Apple est offert avec un système d'exploitation impeccable, un service de téléchargement infaillible, un App Store qui fonctionne comme sur des roulettes, un service hors-pair, un emballage à l'avenant, et ainsi de suite.

Beaucoup trop d'entreprises font fi de l'expérience globale. Elles peuvent réussir à fabriquer un produit qui surprend et enchante, mais elles négligent tout le reste. Pour elles, tout ce qui n'est pas le produit n'a qu'à être *non négatif*. Elles s'accommodent d'un processus de vente, d'un processus de mise à jour et d'un service à la clientèle simplement corrects. Sachez qu'un client qui adore votre produit mais qui déteste tout ce qui l'entoure risque de vous abandonner.

Prenez Toyota, par exemple. Cette compagnie fabrique d'excellentes voitures : des modèles standards et des modèles luxueux connus sous le nom de Lexus. Or, chez Toyota, les vendeurs sont généralement exécrables et le service est médiocre, tandis que les clients de la marque Lexus ont droit au traitement royal. Est-ce que ça coûterait bien cher à Toyota d'offrir à ses clients le service Lexus ? En tous cas, ça ne nuirait pas à son image…

Réfléchissez à ce qui pourrait faire en sorte que *tous* les aspects de votre produit dépassent les attentes de vos clients. Vous obtiendrez ainsi une perspective à 360 degrés et vous serez prêt à propulser votre entreprise.

Un peu de prudence quand même...

Tout aspirant au leadership «à la Steve Jobs» doit savoir éviter quelques pièges. Je m'explique.

Quand il était question du client et de l'expérience client, Steve se fiait à son intuition. Il n'a pas toujours eu raison de le faire, mais il a assez souvent visé juste pour être considéré comme un expert en la matière. Du reste, il avait assez d'expérience et de capitaux pour risquer de faire des erreurs. On peut comprendre que quelqu'un dans cette position puisse devenir arrogant. Je ne suis pas en train de dire que c'était le cas de Steve, mais bien qu'il est tout à fait possible qu'en empruntant son approche, on devienne trop sûr de soi.

Comme vous n'avez probablement pas l'expérience et les moyens de Steve Jobs, vous ne pouvez pas vraiment vous permettre de vous tromper. Pour mettre toutes les chances de votre côté et éviter de faire fausse route, vous pourrez recourir à de l'aide extérieure au moment de bâtir votre approche du client et de l'expérience client. N'hésitez pas à suivre des cours, à consulter des experts, tout en reconnaissant les limites de ce genre de contribution. Comme je vous l'ai dit à maintes reprises, ne laissez pas les autres définir le client et l'expérience client à votre place.

BRANCHÉ SUR LE CLIENT

Voici un processus auquel Steve Jobs aurait probablement réfléchi à l'heure du lunch, en gribouillant à l'endos d'une serviette de papier. Mais nous devons y aller de façon un peu plus organisée. C'est un test qui vous indiquera dans quelle mesure vous êtes en contact avec votre clientèle. Il a été conçu par le conseiller en innovation Nicholas Webb. On pourrait le surnommer le test des «3 p'tites vite».　➡

- Pouvez-vous énumérer rapidement trois caractéristiques de vos produits qui plaisent à vos clients?

- Pouvez-vous énumérer rapidement trois caractéristiques de vos produits qui irritent vos clients au plus haut point?

- Pouvez-vous décrire trois expériences qu'ont vécues vos clients avec vos produits et dont ils vous ont parlé récemment?

- Recevez-vous trois commentaires utiles à propos de vos produits chaque semaine?

- Avez-vous été «sur le terrain» au moins trois fois au cours du dernier trimestre?

Si vous avez répondu «oui» à ces questions, vous êtes sur la bonne voie.

La nécessaire cohésion entre vous, votre entreprise, vos clients

Naturellement, si vous devenez un expert en matière de clients, mais que vous êtes incapable de traduire votre expertise en principes que vos collaborateurs pourront adopter et mettre en œuvre, vous n'irez pas loin. Vous ne serez certainement pas en mesure de créer des produits qui *définissent* le marché. Autrement dit, le leadership ne s'arrête pas avec *votre* compréhension du client. Vous devez transformer celle-ci en une vision mobilisatrice pour le reste de votre entreprise. C'est l'objet du chapitre 5.

ENCORE UN LIVRE SUR L'INNOVATION ?

Que ferait Steve Jobs à ma place ? n'est pas un énième livre sur l'innovation. Mais on ne peut pas parler de Steve Jobs sans parler d'innovation, d'autant plus que le leadership va de pair avec l'innovation. C'est en effet ce qui fait la différence entre mener et suivre. Si on n'innove pas, on doit se contenter d'une position d'arrière-garde sur le marché.

Plus précisément, le leadership englobe l'innovation qui, à son tour, englobe la compréhension du client. Ces principes valent pour toute entreprise – qu'elle fabrique des ordinateurs ou des croustilles – et devraient guider vos actions, peu importe la position que vous occupez dans l'entreprise.

QUE FERAIT STEVE JOBS ?

- *Il s'efforcerait de comprendre le client* et de transmettre cette compréhension à tous les échelons de l'entreprise.

- *Il se chargerait personnellement de cette tâche.* Autrement dit, il ne la confierait à personne d'autre tant à l'intérieur qu'à l'extérieur de l'entreprise.

- *Il ne supposerait pas que les clients savent ce qu'ils veulent* et vont le lui révéler.

- *Il réfléchirait à ce qui énerve les clients* et à ce qui est à la source de ces irritants.

- *Il se concentrerait sur les « besoins profonds » des clients.*

- *Il ne limiterait pas sa réflexion au produit,* mais penserait en termes d'expérience globale.

- *Il voudrait surprendre et enchanter les clients.*

- *Il n'arrêterait jamais de peaufiner sa connaissance du client.*

CHAPITRE 5

LA VISION

Quand Steve croit en quelque chose, il est capable de réfuter
n'importe quelle objection.
Les problèmes cessent tout simplement d'exister.

– Trip Hawkins, ancien VP Stratégie et Marketing d'Apple

Macworld Expo, 7 janvier 2007. Vêtu de son uniforme emblématique – chandail noir à col roulé, jeans délavés et baskets blanches – Steve Jobs monte sur scène et, comme d'habitude, fait sensation :

> J'attends ce jour depuis deux ans et demi. De temps en temps, un produit révolutionnaire apparaît sur le marché et change la face du monde. On peut se compter chanceux si en l'espace d'une vie on travaille à l'élaboration d'un seul de ces produits. Chez Apple, nous sommes vraiment très chanceux, car nous en avons lancé quelques-uns : le Macintosh qui en 1984 a non seulement révolutionné Apple, mais l'industrie de l'informatique tout entière [applaudissements] ; l'iPod qui en 2001 a non seulement révolutionné nos habitudes d'écoute de la musique, mais l'industrie de la musique tout entière. Aujourd'hui, nous lançons TROIS produits révolutionnaires : un iPod à écran tactile [applaudissements], un téléphone portable hors pair [applaudissements] et un appareil de communication Internet totalement inédit [applaudissements].
>
> Donc, trois appareils.
>
> Un iPod à écran tactile. Un téléphone. Un appareil de communication Internet.
>
> Un iPod. Un téléphone. Et un appareil de communication Internet.
>
> Un iPod. Un téléphone. Et un appareil de communication Internet.
>
> Vous avez compris ? Il ne s'agit pas de trois appareils différents, mais d'un seul appareil. Et nous l'appelons iPhone [applaudissements nourris].

Aujourd'hui, Apple réinvente le téléphone. Le voici. »

[Apparaît alors à l'écran l'image d'un iPod muni d'un cadran rotatif qui déclenche une explosion de rires.]

« Sans blague, le voici », reprend Jobs en sortant un iPhone de sa poche pour le montrer à l'auditoire.

Nous connaissons la suite. L'iPhone a changé l'industrie de la téléphonie mobile.

Quelques années plus tard, Jobs et son équipe ont remis ça avec l'iPad, un appareil qui a la forme et les caractéristiques de l'iPhone et l'envergure d'un PC, et qui est en train de révolutionner l'industrie de la micro-informatique tout entière.

On ne sait pas ce qu'Apple nous réserve pour l'avenir, mais nous savons que cette entreprise et Steve Jobs ont à maintes reprises développé d'extraordinaires produits et solutions qui ont défié toute concurrence et dépassé les attentes du consommateur.

Nous savons également que Steve Jobs ne se contentait pas de lancer de nouveaux produits, il articulait une *vision*. Qu'est-ce que ça veut dire? C'est ce que nous allons voir dans ce chapitre.

Vision = Combinaison + Perfection

Apple n'a rien inventé. Le téléphone intelligent, la tablette, le lecteur MP3, l'écran tactile, le stockage miniaturisé, le téléchargement de la musique, la souris et l'interface graphique existaient tous au moment où Steve Jobs et ses collaborateurs s'y sont intéressés. Ces technologies étaient soit en développement, soit déjà sur le marché.

Ce qu'ont fait Steve et son équipe en revanche, c'est qu'ils les ont perfectionnées. Ils ont exploité les caractéristiques de chacune de ces technologies et les ont combinées de manière intelligente, de façon à *créer* des besoins, des besoins *à venir,* des besoins dont les consommateurs n'étaient même pas conscients: utiliser un ordinateur pour faire du graphisme, stocker de la musique ou accéder à des «apps», par exemple. Ils ont également peaufiné le design de ces produits, utilisé du plastique, de l'aluminium, du titane, pour en faire des objets au look extrêmement cool. Bref, ils ont conçu des produits pertinents et magnifiques qui ont révolutionné l'expérience client. Mais comment s'y sont-ils pris? Quel ingrédient secret permet de transformer une technologie existante en produit révolutionnaire?

Cet ingrédient, c'est la *vision,* soit la capacité de canaliser les idées, les technologies, le design pour régler des problèmes, surprendre, enchanter, améliorer le sort des consommateurs.

Invention ≠ innovation

Il y a beaucoup d'inventeurs sur cette terre. Les bureaux de brevets débordent d'idées. Mais très peu de ces idées finissent par devenir des objets, des méthodes, des appareils ou des produits révolutionnaires (voire simplement commercialisables).

Hewlett-Packard et IBM se sont souvent vantés, tant dans leurs chics rapports annuels que dans les médias, du nombre de brevets d'invention qu'ils possèdent. Ces géants de la technologie dépensent en effet beaucoup d'argent en R&D. Ils ont des labos, à l'écart de leurs installations, où des scientifiques et des ingénieurs font de la recherche fondamentale à plein temps.

Manifestement, ces grandes sociétés ont beaucoup d'idées et elles maîtrisent le processus de brevetage. Mais sur les quelque 3 000 brevets qu'elles obtiennent chaque année, combien deviennent de véritables produits? Très peu sinon aucun. La dernière technologie révolutionnaire de HP est l'imprimante à jet d'encre, qui a été lancée sur le marché en… 1984. Et personne ne se souvient de la dernière innovation d'IBM.

Le problème avec ce genre d'entreprises, c'est qu'elles sont isolées du marché de la consommation et qu'elles n'ont pas de vision. C'est également ce qui explique pourquoi Xerox ne domine pas le secteur de l'informatique aujourd'hui. L'interface graphique, la souris, l'imprimante laser et la mise en réseau ont toutes été développées dans son centre de recherche de Palo Alto (le PARC). Mais cette entreprise n'avait pas suffisamment de vision pour exploiter commercialement ses inventions avec succès. Steve Jobs, lui, en avait. On sait comment tout cela a tourné.

Des tas de gens ont de bonnes idées, que ce soit par hasard ou par nécessité, des idées originales ou dérivées d'autres idées. Mais sont-ils capables d'en faire des produits? Rien n'est moins certain.

Pour être brevetée, une idée doit être entièrement nouvelle, utile et non banale. Mais elle n'a pas besoin d'être vendable, rentable, commercialisable. Elle n'a pas besoin d'améliorer le sort de l'humanité. Elle n'a pas à attirer l'attention du public.

C'est ce qui fait la différence entre une invention et une innovation. Une invention a beau être géniale, si elle ne fait pas avancer les choses, elle restera lettre morte. Ce qui compte c'est *l'innovation*. C'est d'ailleurs ce qui caractérise les entreprises qui réussissent. Une entreprise qui innove fait des *produits,* elle intègre des technologies à des objets que les gens *veulent acheter,* elle crée des *solutions* révolutionnaires aux problèmes des consommateurs. Les climatiseurs, les moteurs à combustion interne, les bonbons qui fondent dans la bouche et non dans la main, comme les M&M, sont tous des innovations. Tout comme l'iPod, l'iPhone et l'iPad.

Voici une définition de l'innovation que Steve Jobs n'aurait probablement pas reniée :

> *L'innovation est une invention assortie d'une vision du consommateur et du marché.*

Autrement dit, pour être innovatrice, une invention doit être commercialisable. Elle doit avoir une véritable *valeur,* c'est-à-dire qu'elle doit valoir plus cher que son prix aux yeux du consommateur. Et elle doit être rentable pour l'entreprise.

LA MÉTHODE JAPONAISE

Le succès et l'excellence, mais sans la vision

De façon générale, les entreprises japonaises comprennent très bien leurs clients traditionnels. Aussi, cherchent-elles à améliorer l'expérience client de façon graduelle. Elles ne veulent pas changer le produit, seulement le bonifier à l'intérieur de limites bien précises. Et elles y excellent. Dans cette perspective, il n'est pas étonnant qu'elles ne conçoivent pas de nouveaux produits (exception faite du Walkman de Sony, il y a plusieurs années) et qu'elles ne développent pas de nouveaux marchés. Elles ne vont jamais jusqu'à innover, jusqu'à «penser autrement». Elles ne voient pas très loin; ainsi, malgré le Walkman, elles n'ont pas vu venir l'ère numérique. Cela ne veut pas dire qu'elles ne réussissent pas. Mais imaginez ce que pourrait être leur succès avec des visionnaires comme Steve Jobs aux commandes.

Qu'est-ce qu'un visionnaire ?

Il est plus facile de comprendre ce qu'est une vision, pourquoi il est important d'en avoir une et comment on peut la développer, quand on examine le concept de visionnaire.

De nos jours, on utilise le terme « visionnaire » un peu à tort et à travers. Et il a parfois une connotation péjorative. En fait, au sens strict, un visionnaire est une personne qui a des visions (dans le sens d'hallucinations) ou des idées extravagantes. Ce n'est pas ce que j'entends par « visionnaire », du moins pas quand je fais référence à Steve Jobs.

Je vous propose la définition ci-dessous que j'ai élaborée en m'inspirant, oui je l'avoue, de Wikipédia :

> *Un visionnaire est une personne qui a une vision claire, nette et précise de l'avenir, particulièrement en ce qui concerne la technologie ou l'arène sociale/politique.*

J'ajouterai que le visionnaire est capable de communiquer sa vision de façon à inspirer et à mobiliser les gens qui l'entourent.

Pouvez-vous être un visionnaire ?

Comme je l'ai déjà mentionné, le modèle de leadership de Steve Jobs comporte six éléments : Client, Vision, Culture, Produit, Message et Image de marque.

Avec le temps, vous pouvez rejoindre vos clients. Si vous favorisez le développement d'une culture d'innovation, vous encouragerez la conception de produits emballants. Avec des conseils et de la formation, vous arriverez à communiquer un message pertinent et à bâtir une image de marque qui vous représentera et représentera votre entreprise de façon efficace. Mais pouvez-vous devenir un visionnaire ?

De fait, il n'est pas donné à tout le monde de devenir un véritable visionnaire. Des hommes comme Abraham Lincoln, Martin Luther King ou Steve Jobs avaient un talent naturel pour anticiper l'avenir et communiquer leur vision. Mais est-ce une compétence qui s'acquiert ?

Si certains naissent avec les qualités nécessaires pour devenir visionnaires, les autres peuvent apprendre à penser comme des visionnaires, à voir le monde comme des visionnaires. C'est ce que nous explorerons dans les pages suivantes.

Qu'est-ce qu'une vision ?

Pour définir la « vision », je m'inspirerai de la définition du visionnaire que je vous ai proposée ci-dessus :

> *Une vision est une vue claire, nette et précise d'une activité humaine à venir et de la façon dont elle peut être modifiée ou améliorée.*

Examinons les différentes composantes de cette définition :

CLAIRE, NETTE ET PRÉCISE

Une bonne vision doit être articulée clairement pour mobiliser, rallier et convaincre, mais elle doit également être nette et précise.

Prenons les slogans comme « Faisons la paix dans le monde » ou « Luttons contre la faim dans le monde ». Selon toutes apparences, ils traduisent des visions. Ils parlent de causes qui ne sont pas ambigües et auxquelles on peut se rallier. Mais ces slogans ne sont pas nets et précis : ils ne proposent rien pour combattre les problèmes qu'ils dénoncent, pour changer le monde et l'améliorer. On doit donc en conclure qu'ils ne représentent pas des visions.

L'intégration de l'iPod à écran tactile, d'un téléphone et d'un appareil de communication Internet incarnait la vision de Steve Jobs. Il est intéressant de noter qu'aucun slogan n'accompagnait le lancement de l'iPhone. Mais il était clair que l'iPhone et l'App Store (dont Jobs n'a même pas fait mention à ce moment-là) allaient avoir un impact considérable sur les communications mobiles et le divertissement. C'était clair, net et précis.

CHANGER OU AMÉLIORER

Souvent les organisations ont des semblants de visions parce qu'elles savent faire des slogans. Mais la plupart du temps, elles n'ont rien de précis à proposer pour changer ou améliorer le monde. En quoi l'iPhone, l'incarnation de la vision de Steve Jobs, a-t-il changé ou amélioré le monde ? En ayant un seul appareil plutôt que trois, les consommateurs réalisaient des économies substantielles. Quant à ceux pour qui l'aspect financier n'était pas important, ils pouvaient toujours compter sur les 500 000 applications disponibles par l'entremise de leur appareil pour améliorer leur sort.

Même l'aspect esthétique et cool de l'appareil et son écran tactile ont amélioré l'expérience des utilisateurs de téléphones intelligents. Comme Steve l'a dit lui-même, avant l'iPhone, les « téléphones intelligents n'étaient pas très intelligents ».

PAS PLUS D'UNE DIZAINE DE MOTS

Les meilleures visions sont simples et s'énoncent en une phrase ou deux. Elles sont des espèces d'*elevator pitch*[1]. Certains vont plus loin et affirment que la vision ne doit pas compter plus de 10 mots.

Selon ces critères, voyons ce que donnerait un énoncé de vision de l'iPhone :

> *Un iPod, un téléphone et la communication Internet dans un unique appareil simple et élégant.*

C'est 15 mots. Essayons autre chose :

> *Un iPod, un téléphone et la communication Internet dans un unique appareil.*

C'est 12 mots. On y est presque. En plus, c'est un énoncé qui ressemble à la description de l'iPhone qu'a faite Steve Jobs à la Macworld Expo de 2007.

Mais si on s'inspire d'une autre déclaration de Steve Jobs, on obtiendra :

> *Faciliter l'usage d'une technologie de pointe pour les consommateurs.*

Si vous vous mettez dans la peau d'un client ou d'un employé, ne pensez-vous pas que vous pourriez adhérer à une telle vision ? Ne pensez-vous pas qu'elle pourrait guider vos pensées et vos actions ?

---

1   NDT : Description convaincante de soi, d'un produit, d'un service ou d'un projet, assez succincte pour ne pas dépasser les quelques minutes – voire les quelques secondes – que l'on passe dans un ascenseur.

DES SLOGANS ÉLOQUENTS

Il arrive parfois que le slogan d'une entreprise corresponde réellement à sa vision. C'est le cas de CarMax, une chaîne américaine de détaillants de voitures d'occasion. CarMax vend des véhicules usagés de qualité qui ont subi une inspection en 125 points (ce qui est supérieur aux exigences de la réglementation américaine), qui sont assortis d'une garantie limitée et dont les prix, déjà suffisamment bas, ne sont pas négociables. Quant au service, il est impeccable. Voilà des caractéristiques auxquelles on ne s'attend guère dans ce secteur d'activités. Le slogan «The Way Car Buying Ought to Be» (littéralement : Ce que devrait être l'achat d'une voiture) traduit bien la raison d'être et la vision de l'entreprise. Il indique en effet de manière claire, nette et précise que l'expérience d'achat d'une voiture sera différente chez CarMax.

C'est aussi le cas du «Penser autrement» d'Apple. Deux mots qui en disent long.

Vision ≠ mission

Si vous travaillez dans une grande société, vous n'êtes pas sans savoir qu'on peut s'enliser dans la planification stratégique (mission, but, objectifs, stratégies, tactiques). De ce processus émanent de longs documents sur ce qu'est l'entreprise, sur ce qu'elle fait et sur les gens pour qui elle le fait – de longs documents qui, malgré leur importance relative, risquent de tomber dans l'oubli une fois qu'ils ont été distribués à tous les employés.

Comme Carmine Gallo le souligne dans son livre *The Innovation Secrets of Steve Jobs* (Les secret de Steve Jobs en matière d'innovation), «un énoncé de mission décrit ce qu'on fait; une vision décrit comment on va améliorer le monde».

À qui auriez-vous envie de vous rallier ? À un dirigeant dont l'énoncé de mission se subdivise en 6 points ou à un leader dont la vision claire explique en 10 mots comment il améliorera le monde ?

Vision ≠ passion

La plupart des leaders visionnaires sont passionnés. Mais attention, passion n'est pas synonyme de vision. Un leader passionné sans être visionnaire ne réussira pas plus qu'un visionnaire sans passion. En fait, les chefs d'entreprise doivent toujours viser l'équilibre entre passion et vision.

Le leader mû uniquement par la passion s'agitera, stressera ses employés, déconcertera ses collaborateurs. Il fera souvent de faux départs et changera souvent de stratégie. Inévitablement, son entreprise fera du surplace et finira par s'user. En revanche, un leader qui ne démontre aucune passion pour sa vision aura de la difficulté à maintenir l'engagement de ses effectifs. Devant une telle tiédeur, les employés auront tendance à questionner l'authenticité de sa vision.

Vision et passion vont de pair. Un visionnaire passionné ira plus loin avec ses collaborateurs. Passionnément résolu à préserver l'Union, Abraham Lincoln en est la preuve. Quant à Steve Jobs, il mettait beaucoup de passion à former ses équipes de collaborateurs, à leur communiquer ses messages, à se soucier du moindre détail, à lancer les produits d'Apple. En fait, dans son cas, la passion a renforcé la vision.

Vision ≈ synthèse

Plus souvent qu'autrement, une vision est une synthèse d'idées ou de produits ou de technologies que l'on applique à un besoin de consommation précis. Si vous n'êtes pas un visionnaire né ou si vous n'êtes pas capable d'articuler une vision aussi naturellement que Steve Jobs le faisait, voici quelques principes qui vous guideront :

- *La vision est combinaison.* Le visionnaire combine les idées, les produits et les technologies pour créer une solution qui est de l'ordre de la révélation. La combinaison de l'iPod à écran tactile, d'un téléphone et de la communication par Internet a donné l'iPhone. Auparavant, la combinaison d'un petit disque dur, d'une pile longue durée, du logiciel FireWire et de l'application iTunes avait donné l'iPod. Et il y a encore plus longtemps, la combinaison d'une interface graphique, d'un boîtier monobloc et d'une unité de disquette souple de 3,5 po avait donné le Macintosh.

- *La vision est hybride.* Le visionnaire croise différents concepts ou technologies sur de nouvelles plateformes. Home Depot résulte du croisement entre l'entrepôt traditionnel et le grand magasin à rayons. La chaîne de cafés Starbucks résulte du croisement entre la popularité grandissante du café italien et le déclin de la consommation d'alcool au bar du quartier. L'iPad pourrait être décrit comme le croisement entre un PC et un iPhone.

- *La vision applique le nouveau à l'ancien.* Ce principe est semblable au précédent sauf qu'il implique spécifiquement les nouvelles technologies. Le numérique et la miniaturisation ont été appliqués à la musique enregistrée et aux livres pour créer les lecteurs MP3 et les liseuses. Les micro-ondes, une technologie d'abord développée pour la défense, a été appliquée à la cuisson des aliments (avec plus ou moins de succès). Pendant le boom des point-com, de nombreuses visions sont nées de l'application d'Internet à toutes sortes d'usages ; les visions ne sont pas toutes pertinentes…

- *La vision crée de la valeur.* De façon générale, les consommateurs sont prêts à faire des compromis pour obtenir quelque chose qui a de la valeur à leurs yeux. Et les visionnaires savent exploiter ce filon. Les dirigeants de Southwest, une compagnie aérienne à bas prix qui couvre une grande partie des États-Unis, ont compris que, pour obtenir des billets d'avion à prix modiques, les voyageurs ne verraient pas d'inconvénient à ne pas avoir de places réservées, à se passer de repas pendant les vols et à s'arranger avec le transfert de leurs bagages en cas de correspondance avec d'autres compagnies aériennes. Pour leur part, les dirigeants de CarMax ont compris que les consommateurs seraient prêts à payer un peu plus cher pour obtenir des voitures d'occasion fiables qui ne les obligeraient pas à marchander indéfiniment. Apple a compris que les amateurs de musique seraient prêts à payer 99 cents pour télécharger une chanson en toute légalité.

Si vous connaissez votre clientèle et votre secteur d'activité, vous devriez être en mesure de vous bâtir une vision en faisant appel à l'un ou l'autre des principes ci-dessus.

QUE FERAIT STEVE JOBS ?

La véritable contribution de Steve Jobs chez Apple est la vision et la passion dont il a fait preuve pour concevoir, développer et commercialiser d'extraordinaires produits. Sa vision reposait sur sa profonde compréhension du client, sa façon de voir le monde, sa connaissance de la technologie et son flair pour pointer du doigt le détail qui tue. Et cette vision alimentait la culture d'innovation d'Apple (l'objet du prochain chapitre). Voici donc en résumé ce que Steve aurait fait – et ce que vous devriez faire – à propos de la vision :

- *Il resterait branché sur le client.* C'est ce qu'il faut faire pour ne pas perdre de vue l'essentiel.

- *Il serait au fait de ce qui est offert sur le marché.* Vous avez intérêt à surveiller constamment la concurrence pour voir qui fait quoi, comment les consommateurs y réagissent et quelles sont les lacunes à combler.

- *Il réfléchirait à la façon de combiner les choses pour les faire évoluer.* Pensez à la façon dont vous pouvez combiner les technologies et produits existants pour créer ceux de l'avenir.

- *Il articulerait bien ses idées.* Une idée n'est bonne que si elle est claire, nette et précise. Travaillez là-dessus. Une vision claire et convaincante, pour reprendre les termes d'Hawkins, réfute n'importe quelle objection.

- *Il testerait ses idées auprès de néophytes.* Naturellement, vous voudrez savoir comment les membres de votre organisation réagissent à votre vision. Mais si déjà elle a du sens pour votre voisin, votre belle-mère et votre chien, vous êtes sur la bonne voie.

- *Il informerait les membres de son organisation.* Informez vos collaborateurs de l'évolution de vos pensées et de votre vision.

- *Il serait toujours prêt à adapter et à raffiner sa vision.* Ne faites pas l'erreur de supposer que votre vision est idéale et définitive. Le monde change. L'arrogance est la pire ennemie de la vision.

CHAPITRE 6

LA CULTURE

Les vrais artistes avancent.

– Steve Jobs, réunion de l'équipe Macintosh
à l'extérieur d'Apple, janvier 1983

Septembre 2005. À une époque où il n'apparaît pratiquement jamais dans les médias, Steve Jobs fait la page couverture du *Time Magazine*; manifestement impressionnée par les succès d'Apple et de l'iPod, la direction a décidé de lui consacrer un long article. Steve y ressert une de ses histoires préférées: la parabole de la voiture concept.

> « On se promène dans un salon de l'auto et on voit une voiture qu'on trouve vraiment cool. Quatre ans plus tard, la même voiture sort sur le marché et elle n'a plus rien à voir avec le modèle du salon, elle est littéralement minable. On se demande ce qui s'est passé. "Pourtant, ils l'avaient l'affaire! se dit-on. Ils étaient à deux doigts du succès, puis ils ont fait machine arrière!" Je vais vous dire ce qui s'est passé. Les concepteurs ont eu une idée géniale qu'ils ont soumise aux ingénieurs qui ont dit: "Impossible. On peut pas faire ça." Puis, ils l'ont soumise aux constructeurs qui ont dit: "Impossible. On peut pas construire ça." Et ainsi de suite, de mal en pis. »

Avec cette métaphore, Steve fait référence à l'élément qui est probablement le plus important dans la gestion d'une entreprise: la culture organisationnelle. Mais comme il s'agit d'un contre-exemple, il faudra le déconstruire pour comprendre comment Steve s'y est pris pour créer et maintenir une culture d'innovation dans les entreprises qu'il a dirigées.

La culture du possible

La culture fait référence au milieu de travail et à la personnalité d'une organisation. C'est un ensemble de valeurs et de règles qui guide le comportement et les interactions des employés. Alors que certaines règles sont explicites, écrites et délibérément implantées dans l'esprit des gens, d'autres sont tacites et inconscientes, et émanent de la vision, de la raison d'être et de l'histoire de l'organisation.

Tout comme une marque annonce un produit, la culture organisationnelle annonce une façon de faire, une façon de réagir aux exigences du marché, un modèle d'activités, d'attitudes et d'interactions propres à une entreprise. Elle peut également dicter les comportements à *ne pas* adopter, par exemple étouffer l'innovation, capituler devant la bureaucratisation, gérer le risque de façon maniaque.

La culture organisationnelle est notamment ce qui a permis à Apple de prospérer et de faire sa marque sous la direction de Steve Jobs. Il est évident que la culture d'Apple est une culture d'innovation; c'est un terrain fertile où des « graines de vision » ont pu germer et devenir des produits révolutionnaires. Mais qu'est-ce qu'une culture d'innovation au juste? Voici ma définition qui, encore une fois, recevrait l'aval de Steve Jobs:

> *Une culture d'innovation est un milieu de travail où l'on aide les produits révolutionnaires à accéder au marché.*

VISION ET CULTURE, UN HEUREUX MARIAGE

La vision et la culture vont de pair. Une entreprise caractérisée par une culture d'innovation favorise une vision innovatrice, et une entreprise guidée par une vision innovatrice est plus susceptible de développer une culture d'innovation. Mais il faut que les deux aspects cohabitent pour s'influencer mutuellement, renforcer leurs effets respectifs et, en fin de compte, combler l'écart entre le produit (révolutionnaire) et le consommateur.

Le manque d'harmonie et d'équilibre entre culture et innovation donnera lieu à d'étranges phénomènes. Une entreprise marquée par une forte culture d'innovation mais dépourvue de vision sera désorientée ; elle pourra peut-être accoucher de produits révolutionnaires, mais ce sera par hasard… Une solide vision sans culture d'innovation donnera une entreprise constamment freinée par les processus et les réactionnaires organisationnels, cet assortiment d'individus qui ne voient pas ce qu'il y a à gagner à prendre des risques et à être original.

Une culture d'innovation est une culture du possible, une culture qui adhère avec enthousiasme à la vision, une culture où l'on cherche des moyens d'avancer plutôt que de «bonnes» raisons de faire du surplace, une culture où l'on produit régulièrement des résultats extraordinaires à l'intérieur d'un minimum de structure, de processus et de contraintes. Moins il y a de barrières et de bureaucratie dans une entreprise, plus elle est organique, holistique et plus elle favorise le développement de bonnes idées.

EST-CE QUE NOUS INNOVONS VRAIMENT ?

Dans leur rapport annuel, dans les déclarations qu'elles font dans les médias et au moment de leur assemblée annuelle, de nombreuses entreprises parlent beaucoup d'innovation, de culture d'innovation, de la nécessité d'innover pour l'avenir. Qu'est-ce qu'elles veulent dire au juste ? Est-ce que les usines à brevets que sont IBM ou HP baignent dans une culture d'innovation ? Est-ce qu'une société qui consacre 10 % de ses revenus en recherche et développement est automatiquement innovatrice ? Est-ce qu'une société qui a de grands labos de R&D comme Alcatel-Lucent est caractérisée par une culture d'innovation ? Est-ce qu'une entreprise qui a le mot «inventer» dans son slogan, comme c'était le cas d'HP il y a quelques années, favorise l'innovation ? À toutes ces questions, je réponds : pas nécessairement.

Entre les mots et la réalité, il y a un pas. La véritable innovation est quelque chose qui se produit naturellement dans toutes les parties de l'entreprise.

UNE VISION ORGANISATIONNELLE EN QUATRE MOTS

« Les vrais artistes avancent. » Que signifie cette déclaration de Steve Jobs ? Tout d'abord, il faut savoir qu'il faisait référence à ses collaborateurs. Pour lui, ils étaient des artistes ; autrement dit, il reconnaissait leurs talents créatifs et multidisciplinaires. Mais il précisait aussitôt que les vrais artistes, les artistes pertinents, créent des produits qui enchantent les clients, des produits qui se vendent.

Dans ces quatre mots réside tout ce qui distingue une entreprise dirigée par Steve Jobs – que ce soit Apple, NeXT ou Pixar – de la plupart des autres entreprises. Dans les grandes sociétés, on est tellement préoccupé par l'avancement qu'on néglige la créativité et la concrétisation de la vision. Et dans certaines petites entreprises artisanales, on est tellement préoccupé par la création, la nouveauté et l'avant-garde qu'on ne produit rien qui a de la valeur pour les consommateurs, rien qui les inciterait à payer un bon prix.

Steve Jobs a réuni ces deux aspects comme nul autre chef d'entreprise, en y ajoutant passion, ferveur et soutien. Le groupe d'artistes s'est rapidement organisé, il est bientôt devenu fonctionnel et, effectivement, il a avancé.

DE QUOI EST FAITE UNE CULTURE ?

Comme la vision, la culture a une composante intangible qu'il est difficile de cerner. Elle agit – ou non – pour produire des innovations, et est différente d'une entreprise à l'autre. En fait, la culture c'est un peu comme la porno : ses frontières sont floues, mais on la reconnaît quand on la voit.

La culture émane du leadership. C'est en effet le chef qui sélectionne les membres de son équipe, qui établit la vision, qui donne le ton et qui, en principe, détermine ou suggère les méthodes de travail pour produire des résultats. La culture est omniprésente, et son action est continue. Ce n'est pas quelque chose qui démarre et cesse au gré des projets.

Cela dit, passons aux choses plus concrètes. Dans les pages qui suivent, je décrirai les quatre principales tâches dont vous devez vous acquitter pour créer et maintenir une culture d'innovation et d'excellence au sein de votre organisation, à savoir :

- Sélectionner une équipe de collaborateurs
- Organiser l'équipe
- Transmettre la passion
- Garder le cap

Sélectionner une équipe de collaborateurs

« C'est plus amusant d'être un pirate que de joindre la marine. »

Cette autre déclaration de Steve Jobs remonte à l'époque du développement du premier Mac. Elle dit ce qu'il admirait chez les gens et comment il sélectionnait les candidats. Il est évident que tout dirigeant veut s'entourer des gens les plus brillants, surtout s'il est à la tête d'une entreprise innovatrice qui développe des produits. Mais Steve, lui, allait plus loin ; il voulait en plus que les membres de son équipe aient le sens de l'aventure.

Pourquoi des pirates ?

Parce qu'un pirate peut fonctionner sans bureaucratie, parce qu'il accomplit les missions en faisant corps avec son équipage et son capitaine, parce qu'il restera créatif et à son affaire même s'il traverse une tempête ou qu'il navigue en eaux troubles, parce qu'il est indépendant et sait prendre des risques intelligents, sans perdre de vue la destination finale.

Un pirate a des chances d'être non conventionnel et est plus susceptible d'adhérer au changement. «Une personne dynamique, égocentrique ou asociale a plus de facilité à réfléchir dans la solitude ou à remettre les conventions en question», déclare Dean Keith Simonton, professeur de psychologie à l'Université de la Californie et expert en créativité. «En revanche, poursuit-il, la résistance au changement ou une propension à abandonner facilement peut entraver les initiatives. »

Une fois explicitée, la déclaration de Steve signifie: si vous êtes intelligent mais que vous préférez la structure, la tradition et la grandeur de la marine, allez chez IBM. Mais si vous êtes intelligent, que vous pensez autrement et que vous êtes prêt à faire partie d'une unité spéciale, cohérente et non conventionnelle, devenez un pirate chez Apple.

DES PIRATES PASSIONNÉS

Mais pour être pirate chez Apple, il ne suffisait pas d'être brillant et de penser autrement, il fallait aussi être passionné, avoir de l'énergie et avoir envie d'enchanter le consommateur en créant le parfait produit révolutionnaire. Steve craignait qu'avec le temps Apple devienne comme toutes les autres grandes entreprises: emberlificotée dans la bureaucratie et bardée de «bonnes» raisons pour ne plus rien faire. Des pirates passionnés empêcheraient cela. C'est pourquoi il en fallait non seulement dans les services rattachés au développement des produits, mais aussi dans l'administration, la comptabilité, etc. Steve cherchait le pirate dans chacun de ses collaborateurs.

Comme Steve l'a déclaré à Betsy Morris de la revue *Fortune* en 2008 : « Les personnes que j'embauche doivent évidemment être compétentes. Mais la vraie question reste pour moi de savoir si elles vont tomber en amour avec Apple. Si c'est le cas, tout ira de soi. Car elles voudront alors faire ce qui est le mieux non pas pour elles-mêmes ou pour Steve ou pour qui que ce soit d'autre, mais bien pour l'entreprise. »

DES PIRATES QUI ONT VOYAGÉ

Steve Jobs valorisait beaucoup la diversité et s'entourait de gens qui, un peu comme lui, avaient vécu différentes expériences. Même sans diplôme universitaire, il a été capable de combiner ses multiples intérêts et expériences – depuis l'informatique jusqu'à la philosophie bouddhiste en passant par la calligraphie – pour devenir le leader passionné qu'il était. Il n'en attendait pas moins des autres.

Pour Steve, un bon technologue était un bon technologue, mais un technologue intéressé par la philosophie, les arts et la littérature était susceptible de faire avancer les choses. Il appréciait les gens qui avaient le sens de l'entrepreneurship, qui étaient capables de réussir dans d'autres domaines, qui pouvaient combiner des expériences diversifiées et qui avaient une vue plus globale de l'humanité ; ceux-ci avaient des chances de devenir les pirates qu'il recherchait. « C'est à cause de son ADN qu'Apple croit que la technologie seule ne suffit pas, a déclaré Steve en mars 2011, lors du lancement de l'iPad. C'est le mariage de la technologie avec les arts et les sciences humaines qui nous permet d'obtenir des résultats qui nous réchauffent le cœur. »

DES PIRATES DE TOUS HORIZONS

Puisqu'il valorisait la diversité, Steve cherchait partout pour trouver ses collaborateurs. Il lui arrivait de solliciter les amis et les connaissances de ses employés, car il croyait qu'ils étaient plus susceptibles de partager les mêmes valeurs. En fait, Apple n'a jamais fait beaucoup de recrutement en passant par la filière officielle des ressources humaines ; on y fonctionnait beaucoup plus par hasard et par contact. Ç'a même été le cas de John Sculley, qui a été présenté à Steve par des connaissances communes.

Avec Steve Jobs, un entretien d'embauche était tout sauf typique. Il posait beaucoup de questions qui n'avaient apparemment aucun rapport avec le travail. Ce que les gens répondaient n'était pas aussi important à ses yeux que la manière dont ils le faisaient. Il était très porté sur la méta-communication. Voici ce qu'il a dit dans l'entrevue qu'il a donné à Betsy Morris de la revue *Fortune* :

> C'est difficile de recruter les bonnes personnes. C'est comme chercher une aiguille dans une botte de foin. Chez Apple, nous ne confions cette tâche à personne, et nous y consacrons beaucoup de temps. J'ai participé à l'embauche de plus de 5 000 personnes dans ma vie. C'est quelque chose que je prends très au sérieux. Mais honnêtement, qu'est-ce qu'on peut apprendre sur une personne en une heure ? Alors, en fin de compte, je me fie à mon intuition. Qu'est-ce que cette personne m'inspire ? Comment se comporte-t-elle quand elle est mise au défi ? Pourquoi est-elle ici ? C'est d'ailleurs une de mes questions préférées. Mais encore une fois, ce n'est pas tant la réponse qui compte que la façon dont elle est livrée. Ce sont les méta-données qui comptent.

Organiser l'équipe

« Quel système ? Il n'y en a pas de système. »

En octobre 2004, la revue *Business Week* a publié un article sur les germes de l'innovation chez Apple. À la question « Comment vous y prenez-vous pour intégrer l'innovation au système ? » Steve a répondu : « Quel système ? Il n'y en a pas de système. » Et voici ce qu'il a ajouté :

> Ça ne veut pas dire qu'il n'y a pas de processus. Apple est une entreprise très disciplinée et elle est dotée de processus très efficaces. Mais ce n'est pas de là que vient l'innovation. Celle-ci naît de rencontres dans le corridor, d'un coup de fil qu'une personne passe à son collègue à 22 h 30 parce qu'elle vient de trouver une solution à un problème sur lequel ils ont planché toute la journée, d'une réunion *ad hoc* convoquée par un concepteur parce qu'il croit qu'il vient d'avoir une idée de génie et qu'il veut la tester auprès de six autres personnes.

Steve Jobs détestait la bureaucratie. Il détestait la superposition des niveaux de gestion, la structure, les manuels de normes et méthodes, les procédures, les techniques de gestion du risque et toutes ces choses qui, dans la plupart des cas, enflent et étouffent les grandes organisations. Autrement dit, il voulait se concentrer sur le consommateur et sur le produit, pas sur les processus.

DE GRÂCE, CONCENTRONS-NOUS SUR AUTRE CHOSE QUE NOUS-MÊMES

De façon générale, plus une organisation grandit, plus le nombre d'employés augmente, plus le rôle que chacun joue rétrécit et plus son apport à l'ensemble est fragmenté. Dans ces circonstances, on a tendance à introduire des processus pour permettre à tous ces rouages de fonctionner à l'unisson.

On assiste alors à la multiplication des niveaux de gestion, à l'envahissement des processus de communication astreignants, à une éclosion de réunionite aiguë. Bientôt, les gens passent plus de temps à concevoir, à alimenter et à subir les processus internes qu'à se préoccuper du client ou de quoi que ce soit d'autre en-dehors de l'organisation. Tels les ouvriers d'une chaîne de montage automobile, ils perdent de vue la voiture, concentrés qu'ils sont sur les boulons qu'ils doivent serrer encore et encore.

L'organisation au complet finit par ne plus servir que ses propres intérêts au lieu de voir aux besoins des clients. On accorde tellement d'importance aux objectifs et aux protocoles internes que même l'équipe de R&D fait une fixation sur son quota de brevets au lieu de réfléchir à des produits qui emballeraient les consommateurs.

Résolu à ne pas laisser ce genre de choses se produire dans son entreprise, Steve Jobs a réussi à donner naissance au Macintosh avec une équipe d'une centaine de personnes, tandis qu'environ 4 000 personnes planchaient en vain sur l'Apple II, sous la direction de John Sculley. En fin de compte, la bureaucratie a eu raison de Steve, et il a quitté une entreprise qui était devenue de plus en plus obsédée par elle-même et de moins en moins désireuse de changer le monde.

UNE PERSONNE SUR DIX

Si vous travaillez dans une grande entreprise, vous allez rapidement comprendre de quoi je parle. Lorsque pour chaque personne qui travaille sur une solution pour le client, neuf s'occupent de la planification, du contrôle de qualité et de la paperasse, vous pouvez être certain que la bureaucratie est en train de prendre le dessus. J'ai vécu cette situation moi-même. Même chose lorsque vous cherchez à atteindre l'excellence et qu'une foule de gens passent vos décisions au peigne fin, modifient votre environnement de travail, préparent des rapports et font la promotion de votre service auprès des autres *à l'intérieur* de l'entreprise. C'est beaucoup plus facile de détruire que de créer, et les gens installés dans les différents niveaux hiérarchiques sont souvent des démolisseurs professionnels.

À l'instar de Nick Webb, dans *The Innovation Playbook,* demandez-vous si c'est le processus qui sert l'innovation ou si c'est l'innovation qui sert le processus.

De grâce, pas de gestion en silo

Steve Jobs préférait voir à la conception d'un produit de A à Z (matériel, logiciel, accessoires compris) avec une équipe relativement restreinte, car il était convaincu que, si on fragmentait ce processus, quelque chose se perdrait en cours de route. Selon lui, Microsoft s'est attirée des ennuis et a ouvert la voie à l'insuccès lorsqu'elle a laissé d'autres fabricants d'ordinateurs utiliser son système d'exploitation, Windows.

Steve ne croyait pas aux « vertus » de la gestion en silo. Il était convaincu qu'un projet ne pouvait pas traverser des unités quasi étanches, car chacune voyait les choses à sa façon et perdait de vue la solution globale créée pour le client au départ. Ainsi, il est de notoriété publique que Bill Gates avait prédit dès 2001 que la tablette remplacerait le PC; si sa société n'a pas réussi à percer sur ce marché, c'est en partie parce que le directeur du programme des logiciels de Microsoft n'y croyait pas et ne voulait pas adapter la suite Office en fonction de la plateforme à venir.

Est-ce assez étanche à votre goût? Et on parle ici de l'une des plus importantes sociétés technologiques au monde. Point n'est besoin de souligner que cette décision en a surpris plus d'un dans l'industrie. Mais cela démontre bien que Microsoft n'a jamais vraiment eu une culture d'innovation, et c'est en grande partie pourquoi elle se débat aujourd'hui pour retrouver son lustre passé.

Steve préférait les petites équipes assez autonomes pour prendre des décisions. On dit que c'est pour garder le cap et éviter le déploiement de la bureaucratie qu'il a insisté pour que l'équipe Macintosh ne compte jamais plus de 100 personnes. Bien entendu, elle était structurée et comportait quelques niveaux hiérarchiques. Les choses se faisaient sans que Steve supervise tout lui-même. Mais il tenait à ce que l'équipe reste relativement petite et simple à gérer. Au besoin, il pouvait travailler directement avec n'importe quel employé afin de garder les choses sur la bonne voie.

La vision est essentielle au fonctionnement d'une petite équipe efficace. C'est en effet souvent pour compenser le manque de vision qu'une équipe grossit. Les compétences, la motivation et l'ouverture d'esprit des membres sont alors tout simplement gaspillées. Comme Steve le disait lui-même: «Formez de petites équipes avec des gens brillants et permettez-leur de réaliser leurs rêves.»

C'EST BIEN DE PRENDRE DES RISQUES

Pourquoi les entreprises ont-elles tendance à prendre moins de risques lorsqu'elles grandissent ? Parce que les employés ont perdu de vue les consommateurs et n'ont plus vraiment intérêt à dépasser leurs attentes et à les enchanter. Ce qu'ils voient surtout, c'est qu'ils risquent de faire une erreur, de se tromper, de perdre leur emploi. Que font-ils alors ? Ils cherchent à se protéger, à éviter l'échec. Ça devient le mode opératoire par défaut.

Bientôt, toute l'organisation entre dans ce que Nick Webb appelle une « logique de l'échec » : la tendance à voir l'échec comme la plus forte probabilité puisque c'est ce qui est arrivé la dernière fois qu'on a eu une idée.

Steve, lui, n'a jamais laissé l'échec ou la logique de l'échec s'installer dans les entreprises qu'il a dirigées. C'était plutôt la logique du succès qui l'animait. Il avait tendance à croire qu'une idée était bonne jusqu'à preuve du contraire, et il encourageait ses collaborateurs à faire de même. D'ailleurs, il ne les rabrouait jamais pour leurs idées ou parce qu'ils avaient pris des risques. Ce qu'il avait en horreur, c'était les « bozos » qui ralentissaient les choses sans raison ou qui n'adhéraient pas à la vision globale qu'il avait mise de l'avant.

Toujours selon le professeur Simonton, « la possibilité de prendre des risques, de faire diverses tâches et de travailler sur différents projets à la fois permet à la pensée de foisonner, tandis que l'obligation de se montrer prudent ou de s'en tenir à une seule perspective éteint la créativité ».

ON PEUT DIRE NON

Ce ne sont certainement pas toutes les idées qui se matérialisent chez Apple. En octobre 2004, Steve confiait à la revue *Business-Week* que, pour réussir, il faut savoir dire «non» à un millier de choses: «C'est ainsi qu'on reste sur la bonne voie, qu'on évite de s'éparpiller. Nous sommes toujours en train de penser à de nouveaux marchés à conquérir, mais c'est seulement en refusant d'embarquer dans toutes sortes de projets qu'on peut se concentrer sur ce qui est vraiment important.»

Autrement dit, les idées doivent être abandonnées non pas quand elles sont trop risquées, mais bien quand elles ne correspondent pas à la vision.

Transmettre la passion

«Il faut aimer ce qu'on fait, c'est la seule façon de faire du bon travail.»

Tant les conseillers en gestion que les universitaires cherchent à percer le secret de la motivation au travail. Le bon sens veut que, si on donne à un employé des directives claires, un milieu de travail convenable, une rétribution juste et des chances d'avancement, il exécutera les tâches qu'on lui confie. Mais est-ce suffisant?

Chez Apple, la motivation battait des records. Steve Jobs, résolu à faire sa marque sur terre, a su transmettre son ardeur à tous les membres de son personnel. La culture du possible qui définit cette entreprise n'aurait jamais pu se développer sans cette passion. Mais si la passion est indispensable, elle doit être bien canalisée, orientée en fonction de la vision. Ce n'est pas facile à réaliser. Comment Steve Jobs y est-il parvenu ?

La possibilité de faire quelque chose de spécial

Les gens vraiment intelligents, créatifs et à l'esprit ouvert veulent travailler là où ils pourront utiliser leurs talents. Ils chercheront donc à entrer dans une entreprise qui a une vision et qui leur permettra de changer le monde, de jouer un rôle important dans quelque chose de grand et de participer à l'élaboration de produits cool et révolutionnaires qui se vendront à des millions d'exemplaires partout dans le monde. Ils voudront également avoir la satisfaction de savoir que c'est à leurs efforts, et non aux avis d'une bande de conseillers, qu'on doit ces succès.

Même s'il contribue de façon non négligeable à l'élaboration du plus récent PC, le concepteur qui travaille chez Dell ou chez HP sait pertinemment que c'est le système d'exploitation qui compte pour le client. Or, ce système d'exploitation n'est pas fabriqué par Dell ou HP. Comment un employé peut-il être passionné après ça ?

« Pourquoi les gens veulent-ils travailler chez Apple ? » a demandé Betsy Morris toujours dans le cadre de son entrevue de 2004. « Parce qu'on peut y faire ce qu'on ne peut plus faire ailleurs, a répondu Steve. On ne fait plus d'ingénierie dans la plupart des sociétés qui fabriquent des PC, et les gens des sociétés d'électronique grand public ne comprennent même pas les logiciels qui actionnent les appareils. C'est seulement chez Apple qu'on exécute tout sous un même toit. Personne d'autre ne peut donc faire les produits que nous faisons. »

Qu'est-ce qui vient en premier ? Est-ce la possibilité d'accomplir quelque chose de spécial qui attirera les gens intelligents et créatifs ou est-ce en embauchant des gens intelligents et créatifs qu'une entreprise finit par faire quelque chose de spécial ? Dans le cas d'Apple, on sait par où cela a commencé : avec Steve Jobs et Steve Wozniak. Ces grands esprits ont créé quelques produits géniaux, qui à leur tour ont attiré d'autres grands esprits, qui ont contribué à créer d'autres produits géniaux, et ainsi de suite.

Poursuivant dans la même veine, Betsy Morris a demandé à Steve ce qui motivait les employés chez Apple. « La vie est courte, a-t-il répondu, et on n'a pas la chance de réaliser beaucoup de choses. Alors il vaut mieux s'appliquer. Les gens chez Apple auraient pu décider de vivre dans un monastère au Japon, de faire de la voile, de jouer au golf, de diriger d'autres entreprises. Mais nous avons choisi de travailler chez Apple. Alors, il vaut mieux que ça en vaille la peine. Et nous croyons que ça en vaut effectivement la peine. »

Bien entendu, il y a plein de chefs d'entreprise brillants. Mais un dirigeant a beau avoir une intelligence hors du commun, s'il n'a pas de grande vision et s'il travaille uniquement de façon intéressée, il n'attirera que des gens intéressés. Quand c'est la culture de l'individualisme qui prime dans une entreprise, les gens ne s'investissent plus dans leur travail, et la médiocrité – ou pire – s'installe.

DE LA MOTIVATION À L'INSPIRATION

Quelque part au-delà de la simple motivation se trouve l'*inspiration*. Alors que la motivation relève de la raison, l'inspiration touche les sentiments, l'*émotion*. Par exemple, vous pouvez être motivé à entretenir votre jardin parce que vous ne voulez pas payer quelqu'un d'autre pour le faire ou parce que vous ne voulez pas être envahi par les mauvaises herbes. Mais vous pouvez aussi avoir envie de le faire parce que vous avez été inspiré par des photos dans un magazine, par d'autres jardins dans le voisinage, etc., et que vous voulez être fier de votre réalisation. Vous voyez la différence?

Un leader inspirant a des attentes élevées à l'égard de ses collaborateurs, il leur fixe des «buts nobles», pour reprendre l'expression de l'auteur Carmine Gallo. Et des gens inspirés s'investissent davantage, travaillent plus fort, sont plus créatifs. C'est l'effet Pygmalion: plus on a des attentes élevées envers une personne, mieux elle performera. Vous-même avez sans doute déjà expérimenté ce déploiement d'énergie et de compétences quand vous saviez qu'on comptait vraiment sur vous pour réaliser quelque chose au travail, en tant que parent, dans votre vie amoureuse, dans les sports. Les gens talentueux ont d'ailleurs tendance à sauter sur ce genre d'occasion pour se dépasser.

Mais les gens ne sont pas tous inspirants dans le monde de l'entreprise. On a tendance à fonctionner à l'envers de l'effet Pygmalion: «Si vous ne faites pas X, vous subirez telle ou telle conséquence.» Dans ce genre de situation, l'attente est peut-être forte, mais elle ne repose ni sur une vision, ni sur l'intelligence, ni sur l'anticipation de résultats révolutionnaires. Avec ce genre de menace, on est peut-être motivé, mais certainement pas inspiré, et on reste dans la logique de l'échec.

La simple motivation n'entraîne pas toujours la persévérance et les sacrifices qui sont nécessaires à la réalisation de grandes choses. Pour cela, il faut de l'inspiration. Et l'inspiration doit venir d'en haut.

Garder le cap

Steve Jobs s'est-il contenté de bâtir une vision, de diriger quelques réunions, de mettre les choses en marche, d'aller assister à des présentations d'analystes de Wall Street, puis de rentrer chez lui en attendant la prochaine Macworld Expo pour lancer ses produits? Certainement pas. Il était très présent dans l'organisation, connaissait les détails de tous les projets cruciaux, encourageait ses collaborateurs, s'arrangeait pour qu'ils se sentent importants, et aient envie de se dépasser et hâte de travailler sur le prochain projet.

LE POULS DE L'ENTREPRISE

Steve était un fervent de la gestion itinérante. Il était de toutes les réunions de développement de produit, de contrôle et de révision. Il pouvait se pointer dans le bureau d'un collaborateur à n'importe quel moment pour savoir où il en était. D'après l'article paru dans le *BusinessWeek,* il confiait une partie importante de son travail de gestion à son équipe de direction afin de pouvoir consacrer la moitié de son temps à la conception de nouveaux produits.

On a dit de Steve qu'il pouvait se montrer irascible, dur et même grossier avec ses collaborateurs. En réunion ou lors de ses visites surprises, il pouvait être impatient si on ne répondait pas à ses questions intransigeantes, mais apparemment, il se radoucissait dès qu'il constatait qu'on travaillait en conformité avec la vision et le programme de développement du produit.

En prenant ainsi le pouls de l'entreprise, Steve Jobs accomplissait trois choses: (1) il se tenait informé des détails pratiques d'un projet afin de poser des questions pertinentes à la prochaine réunion; (2) il rappelait à chacun à quel point sa contribution était importante; (3) il donnait l'exemple en montrant à ses employés que même s'il était un milliardaire célèbre, il mettait a main à la pâte. Selon son bras droit, le VP Jay Elliot, « les gens s'investissaient beaucoup dans ce qu'ils faisaient parce qu'ils savaient à quel point le grand patron s'investissait lui-même ».

« Environ 25 000 personnes travaillent chez Apple, dont 10 000 dans les magasins, a dit Steve dans son entrevue à *Business Week* en 2004. Je travaille en étroite collaboration avec une centaine de personnes. Et ce ne sont pas tous des vice-présidents. Certains sont des concepteurs, par exemple. Une partie de mon travail consiste à tester les bonnes idées qui surgissent, à voir ce que différentes personnes en pensent, comment elles y réagissent, les arguments qu'elles ont à apporter. C'est un travail d'exploration. »

Steve Jobs avait la main haute sur les produits et l'entreprise, mais cela ne ressemblait en rien à de l'abus de pouvoir. Ça pouvait être littéralement enivrant de travailler avec lui.

LES TÉMOIGNAGES D'APPRÉCIATION

Dès ses débuts comme chef d'entreprise, Steve Jobs a su partager les lauriers de la réussite et témoigner de la reconnaissance à ses employés en leur offrant des primes, des produits gratuits, des médailles, des t-shirts à l'effigie d'un produit, des billets d'avion en première classe, un cadre de travail agréable.

À l'époque du Mac, Steve invitait chaque concepteur à signer une affichette qui était reproduite et insérée dans les appareils (la plupart des propriétaires de Mac ne les ont jamais vues, mais ce rituel avait une signification particulière pour l'équipe). Les célébrations étaient fréquentes et mémorables : les employés soulignaient non seulement le lancement d'un produit mais les étapes de sa conception ; ils pouvaient autant fêter au bureau en mangeant de la pizza qu'à l'extérieur du bureau, dans le cadre d'activités visant à renforcer la synergie de l'équipe.

Lors du lancement de l'iPhone, tous les employés ont reçu un appareil en cadeau. Et lorsqu'ils ne reçoivent pas les produits gratuitement, ils peuvent se les procurer à très bas prix. Cette tradition a un double effet : elle est avantageuse pour les employés et elle fait circuler les produits dans le grand public. Dans l'univers de gadgets qui est le nôtre, il est étonnant de constater que ce genre de pratiques n'est pas plus répandu.

Il est essentiel de laisser savoir aux employés à quel point leur contribution est importante. Steve était passé maître dans cet art. Il savait récompenser, reconnaître, motiver et inspirer. On doit admettre qu'il pouvait s'emporter facilement si un collaborateur ne se conformait pas au programme, mais il était aussi capable de générosité, d'empathie et de louanges.

QUE FERAIT STEVE JOBS ?

Un passage d'une entrevue que le magazine *Fortune* a réalisée avec Steve en 1998 résume très bien ce qu'est la culture « à la Jobs » : « L'innovation n'a rien à voir avec les dollars, a-t-il déclaré. Lorsque le Mac a été lancé sur le marché, IBM consacrait au moins 100 fois plus d'argent qu'Apple à la R&D. C'est une question non pas de moyens financiers, mais bien de gens, de leadership et de perspicacité. »

Voici en résumé ce que Steve Jobs ferait pour bâtir une culture d'innovation :

- *Il créerait une vision emballante.* Il est difficile d'établir une culture sans vision. Faites quelque chose de spécial dans votre organisation.

- *Il trouverait des pirates.* Mais pas n'importe lesquels : des pirates passionnés.

- *Il s'entourerait de gens ayant des expériences diverses.* La diversité décuple l'expérience humaine et l'imagination.

- *Il ne regarderait pas uniquement les CV.* Prêtez attention aux méta-données. Recherchez les indices de succès, de pensée créative.

- *Il n'alourdirait pas l'organisation.* Gardez votre entreprise aussi organique que possible. Ne vous laissez pas envahir par la bureaucratie. Les processus doivent soutenir l'innovation, et non le contraire.

- *Il laisserait les gens prendre des risques intelligents.* Optez pour la logique du succès et non pour une logique d'échec.

- *Il éviterait la gestion et la pensée en silo.*

- *Il incarnerait la vision et le produit.* Pas seulement de temps en temps, tous les jours.

- *Il n'aurait pas peur d'avoir des attentes élevées.* Si votre vision est adéquate, elle donnera des ailes à vos employés.

- *Il resterait proche de son équipe.* Faites preuve d'empathie, mêlez-vous aux gens. Encouragez-les. Soyez honnête. Concentrez-vous sur le produit et le client, et non sur l'argent et le pouvoir.

- *Il donnerait toujours le bon exemple.*

CHAPITRE 7

LE PRODUIT

Nous rêvions de ces objets. Maintenant, nous les fabriquons.
C'est vraiment génial.

– Steve Jobs, Worldwide Developer Conference[1], 2004

---

1   NDT : Salon annuel organisé par Apple en Californie à l'intention des
développeurs sur Mac.

C'est dans le cadre de la Worldwide Developer Conference de 2010 que Steve Jobs lance l'iPhone 4. Voici un extrait de sa présentation :

> Aujourd'hui, nous lançons l'iPhone 4 – la quatrième génération d'iPhone. C'est quelque chose. L'iPhone 4 comporte plus d'une centaine de nouvelles caractéristiques. Comme nous n'aurons pas le temps de toutes les couvrir aujourd'hui, je me concentrerai sur huit d'entre elles. La première est le tout nouveau design. Arrêtez-moi si vous avez déjà vu cela [Rires. Jobs fait référence à de soi-disant fuites prélancement]. Croyez-moi, vous n'avez jamais rien vu de tel. C'est une merveille de précision. Les panneaux avant et arrière sont en verre et les côtés sont en acier inoxydable. C'est aussi beau qu'une caméra Leica dans le temps. Du jamais vu. Tout simplement magnifique. Tellement mince. C'est le nouveau iPhone 4 [Applaudissements] [...]. L'antenne à double usage est intégrée à la structure du téléphone. De l'inédit. C'est de l'ingénierie vraiment cool [...]. À mon avis, il n'existe aucun autre produit comme celui-ci [...]. Vous le constatez quand vous le tenez entre vos mains [...]. C'est incroyable.

Cette présentation, comme la plupart de celles qu'il a faites, démontre à quel point Steve connaissait ses produits. Selon vous, combien de PDG expérimentent ainsi publiquement leurs produits ? Exception faite de Lee Iacocca (Chrysler), d'Herb Kelleher (Southwest Airlines) et, bien sûr, de Steve Jobs, les PDG apparaissent rarement dans la même photo que leurs produits. Quant à les voir en faire la démonstration et en expliquer le fonctionnement avec autant d'amour que Steve... on n'y pense même pas.

C'est indéniable, Steve Jobs aimait ses produits.

Le produit : le point culminant

Tout le modèle de leadership de Steve Jobs est axé sur le produit. Bien entendu, les cinq autres aspects sont importants, mais la mise en marché et le lancement d'un produit révolutionnaire – d'un produit révolutionnaire *totalement intégré* – représentaient l'ultime mission de Jobs.

Le présent livre ne porte pas sur le design industriel. Par conséquent, ce chapitre abordera non pas les détails de conception des produits Apple, mais bien la place qu'occupait le produit dans le style de leadership de Steve.

Tout produit qui a vu le jour sous la supervision de Steve respectait trois principes essentiels qui émanaient de sa façon de voir le monde et qui ont orienté son style de gestion. Peu importe ce que votre entreprise fabrique, vous pouvez certainement vous en inspirer :

- Le produit doit être une plateforme.
- Le produit doit être d'une simplicité élégante.
- Le produit doit être cool.

En fait, ces trois principes pourraient constituer un guide de leadership et de conception de produits en trois mots : complet, simple et cool.

Une plateforme plutôt qu'un simple produit

Je vais commencer par vous raconter une anecdote que vous avez probablement déjà vécue. C'est l'histoire de Marc, qui veut se procurer un produit de haute technologie (autre qu'un produit Apple), disons un portable PC. Tout d'abord, il explore le site Web du fabricant. Il consulte ensuite les statistiques sur les performances de l'appareil et n'y apprend rien de spécial, puis il repère le détaillant le plus près de chez lui. Une fois au magasin d'électronique hyperbruyant, il cherche la section des ordinateurs, poireaute un bon moment avant qu'un vendeur de 20 ans qui porte un anneau dans le nez lui demande s'il peut l'aider. Marc lui pose quelques questions et obtient des réponses standards. Finalement, sa boîte sous le bras, il fait la queue à la caisse derrière quelqu'un qui achète un aspirateur.

Une fois à la maison, Marc branche son appareil, l'allume. Ça marche. Il configure Windows et s'enregistre. C'est maintenant Microsoft qui prend le relais de l'expérience. Pour écouter de la musique sur son ordi, Marc télécharge iTunes ou un autre logiciel du même genre. Mais comme il a besoin d'autres programmes, il retourne magasiner, fait de nouveau affaire avec un vendeur à anneau dans le nez, installe ses logiciels. Tout ça prend du temps.

Puis un jour, la machine fait défaut et l'écran devient tout noir. Marc appelle le numéro 800, et un agent, qui se trouve à 12 fuseaux horaires de lui, lui débite une longue liste de questions préfabriquées. Comme ça ne règle rien, Marc se trouve maintenant à la merci du magasin d'électronique ou du fabricant. Peut-il faire affaire avec la compagnie qui a conçu le logiciel ? Non. Peut-il faire affaire avec la compagnie qui a fabriqué l'ordinateur ? Peut-être, ça dépend des services qu'elle donne en sous-traitance.

Vous voyez le topo ? Marc n'a certainement pas entre les mains un produit conçu comme un tout et il n'a certainement pas vécu une expérience conçue comme un tout.

Un produit ou un assemblage ?

De nos jours, la plupart des produits de haute technologie ne sont réellement qu'un ensemble de pièces regroupées selon un design précis (du moins, c'est ce qu'on espère). Ils ont tendance à ne pas fonctionner aussi bien que s'ils avaient été conçus de A à Z par une seule entreprise. C'est le cas, par exemple, des gens qui utilisent Google Android, car ce n'est pas Google qui fabrique les appareils.

Pour faire un vrai bon produit, il faut contrôler tout son environnement. Qu'entend-on par environnement ? La distribution en gros, la distribution au détail, la configuration et le service. Cela dépasse le produit en tant que tel et s'étend à toute l'expérience client. Les consommateurs n'attendent d'ailleurs que cela. Un produit est en effet meilleur si l'intérieur (les composantes qui le font fonctionner) et l'extérieur (l'expérience que vit le client pendant tout le temps qu'il le possède) sont pensés comme un tout.

Or, la plupart des fabricants de produits technologiques ne contrôlent pas l'expérience client. Ils cherchent à perfectionner le noyau, soit le produit, et se contentent d'un environnement qui ne nuit pas. Très peu d'entre eux font ce qu'il faut pour que le produit et son usage soient clairement positifs.

Pourtant, un produit conçu comme un tout n'est pas avantageux que pour le client. Il peut être très rentable. Apple l'a prouvé. Depuis la disparition des appareils photo et des films, aucune autre entreprise n'a aussi bien monnayé l'après-vente (si on exclut les fabricants de rasoirs et de lames, des produits beaucoup trop simples pour servir de points de référence).

Grâce à sa pensée holistique, Steve Jobs a permis à Apple de dominer le monde de la technologie. C'est une situation où tous y gagnent: le consommateur profite de produits totalement intégrés qui maximisent son expérience, tandis qu'Apple touche des droits de suite après chaque vente, contrôle l'environnement du produit et a accès à une énorme quantité d'information sur sa clientèle (certains diraient une quantité excessive d'information).

DES PRINCIPES FONDATEURS

Steve Jobs a préconisé la conception de produits totalement intégrés et le contrôle de l'expérience client dès ses premières armes comme chef d'entreprise. Ainsi, l'Apple II a été conçu comme un produit tout-en-un simple et convivial (avec un boîtier apparemment inspiré d'un robot-mixeur Cuisinart dont Steve admirait le design).

Le patron d'Apple n'a certainement pas dérogé à ses principes avec le Mac. C'était un produit vraiment intégré, «clé en main», prêt-à-utiliser, qui n'avait besoin ni de configuration ni d'ajouts. Tout était inclus – y compris le système d'exploitation – dans un boîtier aux lignes que même aujourd'hui on trouverait simples.

À l'époque du lancement du Mac, Steve a entendu parler du développement d'une nouvelle imprimante laser chez Canon. Il a aussitôt pris contact avec l'entreprise pour concevoir conjointement avec elle une version à l'usage exclusif du Mac: la LaserWriter. C'est encore ainsi qu'on fait les choses chez Apple: si la conception d'un accessoire ou d'un logiciel ne se fait pas à l'interne, Apple travaille en étroite collaboration avec son partenaire pour s'assurer que le développement va dans le sens qu'elle souhaite; lorsque cela est logique et faisable, elle commercialise le produit connexe sous sa marque.

Cette méthode produit de meilleurs résultats : Apple gère toute l'expérience, la qualité s'améliore, les appareils plantent moins, les ventes vont bon train, le client se voit proposer des solutions. Que pourrait-on souhaiter de plus ?

En amont du produit : le magasinage

À l'époque où le Mac a été lancé sur le marché, Apple avait des ententes exclusives avec des revendeurs (concessionnaires) et assurait une certaine présence dans de grands magasins. Steve a alors envisagé de faire distribuer les appareils directement aux clients par FedEx, estimant que le contrôle de cette partie du processus lui permettrait de consolider ses liens avec la clientèle. Sceptique, John Sculley a opposé son refus à ce modèle, optant plutôt pour la lutte à l'espace d'étalage, un modèle propre à l'industrie des boissons gazeuses. Comme nous le savons aujourd'hui, c'est entre autres pour cette raison que Steve a quitté Apple. Mais le modèle de vente directe aux consommateurs, lui, n'a jamais quitté son esprit.

En 2001, soit cinq ans après le retour de Steve aux commandes d'Apple, une première forme de distribution aux consommateurs a vu le jour avec l'iTunes Store. Résultat de la combinaison d'un logiciel acheté à un tiers et du concept de téléchargement payant (suivant une entente que Steve a dû arracher à l'industrie de la musique), cette application permet de gérer et d'acheter de la musique en ligne. Détail non négligeable, elle procure à Apple un revenu annuel de plus d'un milliard de dollars et en a fait un intervenant incontournable dans l'industrie de la musique.

L'étape suivante a été l'App Store, qui permet aux propriétaires d'iPod et d'iPad de magasiner, d'acheter et de télécharger une multitude d'apps pour leurs appareils. Ils peuvent choisir parmi

12 catégories d'apps gratuites ou payantes, dans le domaine des affaires, de l'éducation, des jeux et du divertissement. L'App Store fidélise la clientèle et gère l'expérience de consommation, tout en générant des revenus substantiels (qui ne sont toutefois pas connus).

Pendant qu'on développait et qu'on peaufinait les concepts de l'iTunes et de l'App Store, la première boutique Apple a ouvert ses portes. Une dizaine d'années plus tard, on en compte 358 de par le monde. Ces magnifiques espaces rappellent le poli, l'éclat, l'élégance et la simplicité des produits Apple. On n'y fait pas que de la vente, on cherche à «créer des liens affectifs profonds avec les clients». Les vendeurs, qui ont tous reçu de la formation, sont très au fait des détails des produits, et les techniciens, regroupés au «Genius Bar», offrent un soutien technique qui complète l'expérience client.

En lançant une chaîne de magasins, Steve Jobs est vraiment allé à contre-courant de la tendance de l'époque (marquée par la fermeture des magasins d'électronique). Mais ce concept unique, qui s'intègre parfaitement à l'expérience client, a su surprendre et enchanter. Quiconque a mis les pieds dans un magasin Apple a trouvé l'expérience infiniment agréable.

La plateforme Apple fait référence au magasinage dans une boutique Apple, aux produits comme tels – révolutionnaires et totalement intégrés –, à l'utilisation des applications iTunes Store et App Store, au Genius Bar. En proposant une plateforme plutôt qu'un simple produit, on ne fait pas que *soutenir* l'expérience client, on la *démultiplie.*

La simplicité élégante

Prenez un produit Apple dans vos mains. Quels qualificatifs utiliseriez-vous pour le décrire ? Probablement, solide, lisse, éclatant, simple et sexy. Les produits Apple ont en effet une simplicité élégante digne des chaînes Bang & Olufsen des années 1960. Mais c'est plus qu'une question esthétique.

En peaufinant le design des produits Apple, Steve cherchait à atteindre un niveau de raffinement qui éliminerait la concurrence. Ce n'était pas seulement une question d'apparence, c'était une question de *sensation* et de *fonctionnalité*.

Probablement que Steve aurait été lui-même un assez bon designer. Mais comme il s'intéressait surtout à la création d'une vision, il laissait les spécialistes du design faire leur travail. Ce qui ne veut pas dire qu'il leur laissait carte blanche : il intervenait sur le résultat. Il s'est particulièrement bien entendu avec Jonathan Ive, designer industriel britannique au service d'Apple depuis 1992, soit à une époque où l'entreprise commençait à piquer du nez.

Ive préconisait la simplicité, la netteté des lignes, le look high-tech, l'utilisation de matériaux comme le plastique, l'aluminium, le titane et l'acier inoxydable, les surfaces planes et le minimalisme pour les interfaces et les branchements. Il a travaillé sur les premiers PowerBook et a fait sa marque en 1998 avec son invention : les iMac colorés et translucides. On lui attribue également le design de l'iPod. Aujourd'hui VP du design industriel chez Apple, il y dirige un laboratoire quasi monastique. En 2008, le *Daily Telegraph* l'a élu le Britannique le plus influent en Amérique.

LA RICHESSE DE LA SIMPLICITÉ

Pour Steve Jobs, la simplicité était synonyme de raffinement. Ce n'était pas qu'un objectif, c'était une passion. Or, pour atteindre ce niveau de simplicité, il fallait des critères de création et de design très sévères. « C'est plus difficile de créer des objets simples que de créer des objets complexes », a déclaré Steve dans une entrevue qu'il a accordée au magazine *Business Week* en 1998, peu après son retour chez Apple. « Il faut travailler fort pour y arriver, a-t-il poursuivi. Mais ça en vaut la peine, car la simplicité peut déplacer des montagnes. »

Mark Twain aurait été d'accord. « Je peux vous faire un discours de deux heures sur-le-champ, a-t-il dit un jour. Mais si vous voulez que je vous fasse un discours de cinq minutes, j'aurai besoin de deux semaines pour me préparer. »

Steve et son équipe estimaient que le téléphone portable à 40 boutons était voué à l'échec. Ils ambitionnaient de fabriquer un appareil à un bouton et ils y ont mis les efforts nécessaires. Résultat : l'iPhone avec son écran tactile et sa magnifique interface graphique. C'est l'équivalent d'un discours de cinq minutes qu'on comprend et qu'on n'est pas prêt d'oublier.

Encore une fois, ce n'était pas qu'une question d'apparence, mais de pertinence et d'intelligence, comme en témoigne cet extrait d'une entrevue que Steve a donnée en 2006 au magazine *Newsweek*/MSNBC :

> Regardez à quel point le design de nombreux produits de consommation est compliqué. Chez Apple, nous voulions faire quelque chose de beaucoup plus holistique, de beaucoup plus simple. Pourquoi ? Parce que nous croyons que les consommateurs sont intelligents et qu'ils veulent des

objets bien pensés. Quand on cherche à résoudre un problème, les premières solutions qui viennent à l'esprit sont très compliquées. La plupart des gens s'arrêtent là. Mais s'ils continuaient, s'ils vivaient avec le problème un peu plus longtemps et cherchaient à le disséquer, ils arriveraient à des solutions simples et élégantes. Mais justement, ils n'y consacrent pas suffisamment de temps et d'énergie.

Puisqu'il vaut mieux «faire ça simple», je m'arrêterai ici. Je suis certain que vous avez compris. Si vous voulez simplifier les choses, vous devrez travailler plus fort.

AU-DELÀ DES PRODUITS

La simplicité, Steve Jobs la préconisait non seulement pour les produits, mais aussi pour les familles de produits et pour toute l'organisation. Pour lui, elle était synonyme de concentration.

Dès son retour chez Apple, Steve a fait passer le nombre de produits de 350 à 10, et les a répartis en fonction de 4 quadrants. Cette décision a favorisé la concentration à tous les niveaux de l'entreprise : au sein des équipes responsables des produits, des équipes de vente, de la distribution, et même chez les détaillants et les clients.

De la même façon, Steve a cherché à rationaliser la structure organisationnelle d'Apple. Dans la plupart des sociétés de haute technologie, les employés sont dispersés dans différentes villes. Les diverses composantes d'un produit HP, par exemple, peuvent être conçues par autant d'équipes basées en Californie, au Colorado, à Houston et au Massachusetts. Les différences de fuseaux horaires, la multiplication des canaux de communication et même les diversités culturelles ajoutent des irritants à un processus déjà complexe. Steve gardait ses équipes de conception petites, simples et dans un rayon de sept kilomètres du siège social du One Infinite Loop, à Cupertino. Le projet de construction d'un nouveau siège social de trois millions de pieds carrés vise notamment à réunir toutes les équipes de conception sous un même toit.

Simplicité du produit. Simplicité organisationnelle. *Concentration.* C'est tout.

Le facteur cool

Il y a longtemps que les produits Apple sont considérés comme cool. En fait, pour plusieurs fans, ils représentent la quintessence de la « coolitude ». Steve Jobs lui-même utilisait ce mot à tout bout de champ.

Mais qu'est-ce signifie « cool » au juste ? Dans sons sens premier, ce mot anglais fait référence à la fraîcheur (de la température) et à la froideur (du tempérament ou de l'humeur). On lui a accolé une première connotation branchée dans les années 1930, dans le contexte de la musique jazz afro-américaine : le jazz cool (plus doux) s'opposait au jazz hot (plus rythmé, plus violent). Voici par ailleurs quelques définitions qui permettent de mieux cerner son sens figuré actuel :

- Cool est utilisé pour décrire ce qui est « à la mode », « accepté », « admiré », « approuvé ». On dit aussi que pour être cool, une personne, une chose, une idée, etc., doit être caractérisée par une « esthétique combinant l'attitude, le comportement et le style ». Mais puisqu'on ne précise pas de quelle esthétique il s'agit, ça reste assez vague.

- On dit aussi que quelque chose est cool quand il a du « Zeitgeist », mot allemand qui signifie « esprit du temps ». Enfin, certains définissent l'attitude cool comme étant une attitude où l'on ne s'embarrasse pas de « camisoles de force mentales ».

Faites votre choix.

Il n'y a pas de critères bien précis pour définir ce qui est cool. Mais pour reprendre une analogie que j'ai utilisée dans le chapitre précédent, la « coolitude » c'est un peu comme la porno : on la reconnaît quand on la voit. Quoi qu'il en soit, tout chef d'entreprise qui veut que son produit soit cool doit s'assurer qu'il possède les caractéristiques suivantes :

- Un look moderne et futuriste (produit *et* emballage)
- Des lignes simples, des matériaux de qualité
- Des qualités sensorielles extraordinaires (toucher, ouïe, vue)
- Une interface solide, simple, conviviale et de qualité
- Une allure séduisante et sexy, qui donne envie de regarder, de toucher, d'écouter

Steve connaissait ce qui était cool, et il savait que les consommateurs étaient prêts à payer pour la « coolitude ». C'est pourquoi il a investi dans ses produits et s'est fié à des gens comme Jonathan Ive pour s'assurer que les choses étaient cool.

QUE FERAIT STEVE JOBS?

Vous avez peut-être l'impression que les principes précédents s'appliquent seulement à des produits technologiques, mais ce n'est pas le cas. Avec de la réflexion, de la pratique, de l'expérimentation et un certain degré de tolérance à l'échec, vous pouvez vous en inspirer, même si vous évoluez dans un secteur d'activités moins sexy. Supposons que vous êtes à la tête d'une usine de fabrication de produits nettoyants de salle de bain. Rien ne vous empêche d'offrir un produit totalement intégré. Pensez, par exemple, que lorsqu'une personne utilise votre nettoyant, elle doit apprécier l'odeur qu'il dégage, se préparer, protéger ses vêtements, viser l'efficacité, jeter le contenant, etc. Vous pouvez peut-être créer un emballage soigné, des accessoires indispensables ou un distributeur cool, tellement cool en fait que même les ados de la famille voudront l'utiliser.

Si vous dirigez un restaurant de tacos, concentrez-vous sur l'expérience totale que vivent les clients, c'est-à-dire dès qu'ils pénètrent dans votre établissement et jusqu'au moment où ils le quittent. La nourriture compte, mais le service, la propreté et l'expérience sensorielle sont aussi importants, parfois même plus. Au lieu de considérer l'environnement comme un mal nécessaire, voyez-le plutôt comme une occasion de vous démarquer. Visez la simplicité – dans le menu, le décor et le service. La simplicité élégante.

Voici un résumé des stratégies que Steve Jobs mettrait en œuvre en ce qui concerne le produit:

- *Il envisagerait toujours le produit comme à un tout.*

- *Il verrait les composantes du produit tout-en-un non seulement comme des moyens de dépasser la concurrence, mais comme autant d'occasions d'exceller.*

- *Il penserait en termes d'élégance et de simplicité.*
- *Il aurait une structure organisationnelle simple.*
- *Il n'oublierait pas le facteur cool : lisse, brillant, séduisant, sexy.*

CHAPITRE 8

LE MESSAGE

Et quel vendeur! Non mais quel vendeur c'était.
— Walter Mossberg, 5 octobre 2011

Steve Jobs lance l'iPod en octobre 2001. Voici un extrait de sa présentation :

> Le domaine que nous avons décidé d'explorer – le choix que nous avons fait – est la musique. Pourquoi la musique ? Eh bien, nous aimons la musique. Et c'est toujours bon de faire quelque chose qu'on aime. Mais surtout, la musique fait partie de la vie de chacun.

> [Derrière Steve, une diapositive recouvre tout le mur : La musique fait partie de la vie de chacun (vaste marché cible)]

> La musique existe depuis toujours. Elle existera toujours. Ce n'est pas un marché spéculatif. Et puisque la musique fait partie de la vie de chacun, on parle d'un très vaste marché, un marché qui ne connaît pas de frontière. Mais ce qui est assez intéressant, c'est que personne ne domine le nouveau marché de la musique numérique. Il n'y a pas de leader.

> [Diapo : Aucun leader]

> Personne n'a encore réussi dans ce marché, tant les petites sociétés, comme Creative et Sonic/blue, que les grandes sociétés comme Sony.

> [Diapo : logos de Creative, Sonic/blue et Sony]

> Personne n'a encore vraiment trouvé la recette pour la musique numérique. Or, nous pensons que nous pouvons trouver la recette. Et non seulement ça, mais nous pensons que la marque Apple va être fantastique, car les gens font confiance à cette marque pour répondre à leurs besoins d'appareils électroniques numériques.

> [Diapo : Musique portable]

> Examinons maintenant le secteur de la musique portable.

[Diapo : image d'un lecteur de CD]

Si vous voulez écouter de la musique portable, vous pouvez acheter un lecteur de CD, n'est-ce pas ? C'est une façon de faire. Vous pourrez alors écouter 10-15 chansons.

Vous pouvez aussi acheter un lecteur flash...

[Apparition d'un lecteur flash à côté du lecteur de CD]

... ou un lecteur de CD MP3...

[Apparition d'un lecteur de CD MP3]

... ou encore un jukebox personnel sur disque dur.

[Apparition d'un lecteur sur disque dur]

Ce sont les quatre options que nous avons pour écouter de la musique portable. Examinons-les une à une.

[Diapo : tableau à 4 colonnes : Lecteur ; Prix ; Chansons ; Prix/chanson]

Un lecteur CD coûte environ 75 $. Il contient 10 à 15 chansons. Une chanson coûte donc 5 $.

[Apparition d'une première ligne sur le tableau : CD ; 75 $; 15 ; 5 $]

Un lecteur flash coûte le double et il contient le même nombre de chansons. Le prix d'une chanson revient donc à 10 $.

[Apparition de la deuxième ligne sur le tableau : Flash ; 150 $; 15 ; 10 $]

Un lecteur MP3 CD coûte environ 150 $. On peut y graver 150 chansons à partir d'un ordinateur, ce qui ramène le prix d'une chanson à 1 $.

[Apparition de la troisième ligne sur le tableau : MP3 CD ; 150 $; 150 ; 1 $]

Un lecteur sur disque dur coûte environ 300 $. Comme il contient environ 1000 chansons, chaque chanson coûte 0,30 $.

[Apparition de la quatrième ligne sur le tableau : Disque dur ; 300 $; 1000 ; 0,30 $]

Nous avons étudié toutes ces options et…

[Surlignage de la ligne « Disque dur » sur la diapo]

… nous nous sommes dit que c'était là que nous voulions être. Et aujourd'hui, nous lançons un produit qui nous amène exactement là. Ce produit s'appelle iPod.

[Diapo : iPod].

iMac. iBook. iPod.

iMac. iBook. iPod. »

Pendant le reste de la présentation, qui a duré environ 9 minutes, Steve a décrit les caractéristiques de l'iPod, ses avantages et son fonctionnement. Ce n'était pas le discours le plus dynamique ou le plus divertissant qu'il ait fait durant sa carrière (de toute façon, il était plutôt sérieux dans ce genre de circonstances). Mais c'était un très bon exemple du format d'exposé qu'il avait l'habitude de faire, surtout depuis son retour chez Apple en 1996. En utilisant un langage très simple, très direct, il décrivait un besoin ou un problème ; il présentait la solution et il expliquait comment cette solution fonctionnait. Le besoin, le produit qui y répond, la façon de l'utiliser. Le pourquoi, le quoi et le comment.

De façon générale, Steve agrémentait ce genre d'exposé d'informations sur le marché, et il le livrait de façon à créer un suspense qui se terminait de manière spectaculaire et inoubliable par la présentation du produit. Après une telle présentation, on savait exactement en quoi consistait le produit, pourquoi on l'avait créé et à quoi il servait. On savait également pourquoi on avait assisté à la présentation et on s'en souviendrait dans ses moindres détails.

Il existe de grands chefs d'entreprise qui, bien que brillants et accomplis, sont incapables de livrer leurs messages. D'autres donnent d'excellentes performances, mais n'ont rien à dire. D'autres encore sont d'excellents gestionnaires ; ils connaissent leur organisation sur le bout des doigts et la mènent efficacement. Mais à cause d'un manque d'intérêt ou de talent, ils n'ont aucune présence publique, aucun charisme. Aucun de ces trois types de leader n'est capable *d'inspirer.*

Steve, lui, maîtrisait l'art de la présentation. Il excellait autant sur le fond que sur la forme. Il savait livrer un message qui non seulement vendait le produit et la compagnie, mais dynamisait ses employés. C'est entre autres ce qui faisait de lui un grand leader.

Personnifiez votre entreprise

Pour le monde extérieur, Steve personnifiait Apple et ses produits. Cet engagement est en partie ce qui rendait ses discours tellement uniques. Chaque année, à la Macworld Expo de janvier, on avait hâte de découvrir quel produit cool il lancerait, quel sujet il aborderait. C'était également très stimulant de voir que, bien que milliardaire, Steve Jobs prenait le temps de présenter lui-même ses produits. Et il le faisait de façon très relax, comme s'il était dans son salon.

Cette façon de faire a impressionné le grand public et a inspiré ses employés. Ce n'est pas vraiment étonnant. Qui ne serait pas fier de travailler dans une entreprise dont le PDG lui-même lance les produits sur le marché et en fait la promotion ?

Les dirigeants ont avantage à faire eux-mêmes la promotion de leur entreprise et de leurs produits. Pourtant, comme nous l'avons mentionné au chapitre précédent, pratiquement aucun autre leader ne le fait. Qui d'autre monte sur scène pour lancer ses produits, apparaît dans la même photo que ses produits, explique le marché, explique ses produits, explique comment ils fonctionnent ?

Il y a quelques exceptions : Lee Iacocca chez Chrysler, Dave Thomas chez Wendy's, et dans une moindre mesure Sam Walton chez Walmart et Bill Coors pour les bières Coors. Mais la plupart des PDG et des chefs d'entreprise américains restent loin du produit, de la scène, du message de la société. Dans ce secteur, ils laissent les agences de publicité prendre le contrôle.

C'est difficile à comprendre, car un chef qui mange sa propre cuisine inspire confiance, rehausse autant sa propre crédibilité que celle de l'entreprise, humanise les relations entre le public et son entreprise. À tout le moins, il permet à son entreprise de réaliser des économies sur les cachets à verser aux acteurs.

Un chef d'entreprise qui livre lui-même ses messages fait preuve de passion, d'engagement. Il montre qu'il soutient ses produits, sa culture d'entreprise, sa vision et le client.

De l'extérieur vers l'intérieur

Steve Jobs savait comprendre les consommateurs, créer une vision, mettre en place une culture d'innovation et présenter des produits. C'est ce qui lui permettait d'être aussi efficace dans ses discours et d'être capable d'exposer une stratégie en huit minutes ou de présenter un produit révolutionnaire en cinq minutes. À la fin de la présentation, on savait exactement pourquoi Apple avait créé le produit, à qui il était destiné, quel problème il permettait de résoudre et comment il fonctionnait.

Mais ce n'est pas tout. Steve Jobs était capable de rallier les gens à sa cause (sa cause étant Apple, les produits Apple, la culture Apple, etc.). Par son message extraordinairement simple, il était capable de vendre un produit aux consommateurs, à ses partenaires de distribution, à ses partenaires de plateforme, aux développeurs, à la presse spécialisée, aux sociétés de capital-risque, aux financiers et, détail non négligeable, aux employés d'Apple.

En fait, je crois que chaque message de Steve visait à rallier à sa cause non seulement l'univers mais aussi ses employés. De fait, les discours de Steve les inspiraient, les encourageaient à être créatifs et productifs, et consolidaient la culture et la vision.

Cette façon de faire entraînait un «cercle vertueux»: Steve livrait un discours qui inspirait ses collaborateurs et ses employés et les encourageait à fabriquer des produits géniaux, grâce auxquels il pouvait conquérir le monde, ce qui était inspirant, et ainsi de suite. Connaissez-vous un autre PDG ou dirigeant d'entreprise qui, quel que soit son niveau, fait une telle chose?

Le message – simple et élégant

Steve Jobs livrait des messages simples qu'il fignolait avec beaucoup de soin. Comme il savait ménager ses effets, il commençait souvent ses discours par une phrase-choc comme: «De temps en temps, un produit révolutionnaire apparaît sur le marché et change la face du monde...»

Par ailleurs, la plupart de ses présentations suivaient la même structure:

- *Pourquoi nous en avons besoin.* Steve expliquait pourquoi la situation courante ou les produits existants laissaient à désirer et comment Apple pouvait y remédier. Il utilisait parfois des chiffres et des tableaux pour appuyer ses dires. Souvent, il faisait l'historique d'un produit. D'une façon ou d'une autre, cette partie du discours préparait le terrain.

- *Ce que c'est.* Steve présentait ensuite le produit, souvent au terme d'une montée dramatique, dont le meilleur exemple est la répétition de «Un iPod, un téléphone et un appareil de communication Internet» pour l'iPhone. Habituellement, une image du produit était projetée sur scène, avant que Steve sorte un véritable appareil de sa poche pour le montrer à l'auditoire.

Si vous dirigez une entreprise et que vous en avez envie, vous pourriez au moins couvrir ces deux premiers points, car ce sont des descriptions (du marché et du produit) qui ressemblent à ce qui se dit dans les salles de conférence partout dans le monde. Naturellement, Steve avait un style et un sens du spectacle qui ne sont pas donnés à tout le monde, mais vous faites probablement vos présentations à l'interne, et non devant une petite foule d'experts, de journalistes, etc. Et avec de la pratique, vous pourriez y arriver.

- *Comment ça fonctionne.* Ce qui distinguait vraiment Steve, c'était l'explication détaillée qu'il donnait du produit qu'il présentait. Et je ne parle pas tant de son niveau de connaissance que de son style : il en faisait une démonstration comme s'il était en tête-à-tête avec un interlocuteur dans son salon. Cette dernière partie de sa présentation témoignait de son engagement à l'égard du produit et anticipait l'expérience client.

Steve terminait habituellement sa présentation en précisant comment le produit en question allait changer le monde. Puis, comme si de rien n'était, il ajoutait son fameux «Ah... encore une petite chose...», formule par laquelle il présentait une ultime caractéristique vraiment cool du produit, comme ç'a été le cas de la nouvelle interface graphique pour le système d'exploitation OS X. Avec cette formule, il créait un niveau d'attente et d'excitation que la plupart des agences de publicité rêvent d'atteindre.

Peu importe le type de discours que Steve livrait – présentation d'un produit au monde entier, plan d'affaires à un conseil d'administration ou aux représentants d'une société de capital-risque, etc. – il le structurait en fonction des trois éléments décrits ci-dessus. Pas étonnant que le coach en communications de Steve, Carmine Gallo, dise de lui qu'il était «le plus grand raconteur d'histoires dans l'univers de l'entreprise».

LA RÈGLE DE TROIS

Dans le monde de la technologie, le mot d'ordre est simplicité. Dans le monde de Steve, le mot d'ordre était simplicité. Dans cette optique, il évoquait des idées et des concepts qui ne contenaient pas plus de trois éléments : ses présentations comptaient trois parties, il divisait ses marchés en trois, l'iPod est la troisième étape d'une évolution (iMac, iBook, iPod), l'iPhone combinait trois technologies (iPod-téléphone-appareil de communication Internet), etc. Ce n'était pas une lubie de la part de Steve. Les études démontrent en effet que l'être humain ne peut digérer que de trois à sept idées, concepts, etc., à la fois. Un conseil donc : ne vous échinez pas à faire une présentation en neuf points.

J'ai suivi cette règle dans ma série de livres sur les placements (*The 100 Best Stocks You Can Buy*) en présentant trois «pour» et trois «contre» pour chaque placement. Ça m'a permis de synthétiser des choses relativement complexes pour le lecteur.

Essayez la règle de trois. Vous verrez, ça marche.

Livraison spéciale

Les discours de Steve Jobs étaient simples, intéressants, instructifs, stimulants, agréables et amusants. Dès qu'il entrait sur scène dans ses vêtements emblématiques – chandail noir à col roulé, jeans délavés et baskets blanches –, les gens avaient l'impression qu'ils allaient assister non pas à la présentation d'un chef d'entreprise performant, mais bien à un spectacle de leur artiste préféré. Et ça fonctionnait.

La forme était presque aussi importante que le fond. Steve présentait le thème, évoquait les problèmes qui avaient été réglés, établissait un plan d'action pour la solution, créait des moments inoubliables et laissait l'auditoire sur sa faim.

Très peu de gens dans le monde de l'entreprise lui arrivent à la cheville en matière de communication publique. Et pour cause. S'il est vrai que Steve livrait ses présentations de manière décontractée, il les préparait minutieusement. Apparemment, il répétait pendant des heures. Il prévoyait les moindres détails, y compris ses déplacements sur la scène. Il présentait quelques immenses images : versions flamboyantes du logo d'Apple, reproductions colorées et grossies de produits Apple, tableaux, énumérations, listes. Le tout était concis, coloré, mais sans fioritures.

Pendant ses présentations, Steve était calme, confiant, clair et articulé. Ses phrases étaient courtes et simples, et il utilisait très peu de jargon technique. Sa cadence et son débit étaient presque parfaits : il n'hésitait pratiquement pas et il faisait des pauses aux bons endroits pour créer du suspense ou permettre à l'auditoire de digérer ce qu'il venait d'entendre. Il avait l'air sincère et il était crédible, car à l'évidence il disait ce qu'il pensait, non ce que l'auditoire voulait entendre. Bref, la présentation, les images et le message étaient laconiques, simples, faciles à saisir, convaincants.

En fait, pour bien comprendre le style de Steve, il vaut mieux le regarder et l'écouter. Mais avant de consulter YouTube (une liste de présentations figure à la fin de cette section), prenez connaissance de quelques autres grands traits qui caractérisaient ses présentations.

L'ABSENCE DE JARGON « CORPORATIF »

N'êtes-vous pas fatigué d'entendre parler de changement de paradigme, de scénarios, de fine pointe, de chef de file, d'avant-garde, de priorisation, de déploiement de mesures, etc. La langue des affaires est saturée de mots à la mode qui en fin de compte sont vides de sens. Steve n'adhérait pas du tout à ce style.

Steve utilisait des expressions et des termes simples et éloquents comme « magnifique », « extraordinaire », « Ils ne l'ont pas l'affaire ! ». Il parlait comme monsieur et madame-tout-le-monde, pas comme un bureaucrate ou un technicien.

SPECTACULAIRE...

Il est clair que Steve avait le sens du spectacle. Il présentait un produit quasiment comme s'il racontait une histoire avec intrigue et dénouement. Il était passé maître dans l'art de l'expression : il savait à quel moment faire une pause, à quel moment donner à sa voix une inflexion différente, à quel moment tirer un produit de sa poche. Le public était suspendu à ses lèvres. Et quand tout semblait avoir été dit et que retentissaient les applaudissements, il en rajoutait en mentionnant « encore une petite chose » qui savait surprendre et enchanter.

... MAIS SANS PRÉTENTION...

Bien des gens ayant le sens du spectacle ont tendance à en remettre, à parler plus d'eux-mêmes que de quoi que ce soit d'autre. Ce n'était pas le cas de Steve. Il parlait rarement de lui et jamais de ses succès. Il était la simplicité même avec ses vêtements sans prétention, et on pouvait facilement s'identifier à lui.

... ET UN BRIN SÉRIEUX

On pourrait croire que cet homme brillant à l'esprit juvénile, qui présentait des produits cool à un auditoire souvent composé de jeunes gens branchés, aurait eu tendance à verser dans l'humour, les blagues, les jeux de mots et les sous-entendus.

Eh bien, non.

Steve était plutôt du genre sérieux. Il s'en tenait au message. Contrairement à de nombreux orateurs, il n'avait pas besoin de recourir à l'humour pour maintenir l'attention de son auditoire. Et il le savait.

Si Steve faisait un peu d'humour, c'était remarquable et mémorable. Ainsi, lors du lancement du système d'exploitation OS X en 2000, il a dit des boutons sur l'écran qu'ils étaient tellement beaux « qu'on a envie de les lécher ». Il pouvait également faire de l'ironie aux dépens d'un concurrent. Il a déjà dit de Microsoft : « Nos amis dans le nord dépensent plus de cinq milliards de dollars en recherche et développement, et on dirait que tout ce qu'ils font c'est copier Google et Apple. »

En fait, Steve faisait de l'humour non pas pour divertir mais pour souligner un point. En ce sens, il était un peu comme d'autres leaders d'exception tels Abraham Lincoln, Winston Churchill et Warren Buffett, mais en plus subtil.

STEVE JOBS SUR SCÈNE

Si vous tapez «Steve Jobs» dans la zone de recherche de You-Tube, vous obtiendrez des milliers et des milliers de résultats, dont plusieurs vidéos de discours exceptionnels. Voici la liste de mes préférés:

- Macworld, San Francisco, 2000: lancement du système d'exploitation Mac OS X; 9 minutes.

- Macworld, 2001: présentation de la stratégie du foyer numérique (Digital Hub); 8 minutes.

- Apple Music Event, octobre 2001: lancement du premier iPod; 9 minutes.

- Université Stanford, juin 2005: discours de remise des diplômes; 14 minutes.

- Janvier 2007: lancement de l'iPhone, Partie I; 10 minutes.

- Janvier 2010: lancement de l'iPad, Partie I; 6 minutes.

Inspirez-vous de ces discours pour apprendre à communiquer une vision ou une stratégie, lancer un produit, présenter une nouvelle plateforme. En vous concentrant, en vous appliquant et avec de la pratique, vous arriverez à de bons résultats.

QUE FERAIT STEVE JOBS?

Comme nous l'avons vu, Steve Jobs faisait plus que créer un produit et une expérience client ; il ralliait les gens à sa cause, à sa vision. Ses messages et sa façon de les livrer étaient en fait partie intégrante du produit. Chose certaine, tant le contenu que le style de ses discours n'avaient rien à voir avec ceux prononcés par la plupart des chefs d'entreprise. Voici donc un résumé des stratégies que Steve Jobs mettrait en œuvre pour livrer des messages uniques et mémorables :

- *Il n'oublierait jamais le message,* car celui-ci peut être tout aussi important que le produit.

- *Il incarnerait le produit, la marque, l'entreprise.* Ne laissez pas les gens des relations publiques prendre le relais. Ne ratez pas l'occasion de faire entendre votre message. Vous verrez, vous susciterez des réactions.

- *Il garderait à l'esprit que ses présentations en public signifient énormément pour ses employés et ses collaborateurs.*

- *Il simplifierait le contenu de ses messages en respectant la règle de trois.* Pourquoi. Quoi. Comment. La règle de trois vous aidera à structurer efficacement votre message.

- *Il utiliserait un langage simple.*

- *Il profiterait de la moindre apparition en public pour livrer son message.* Mais n'oubliez pas que c'est de votre produit et de votre message qu'il est question, pas de vous.

- *Il serait confiant, il serait actuel et il s'amuserait.*

CHAPITRE 9

L'IMAGE DE MARQUE

J'ai une nouvelle très triste à partager avec vous tous.
Steve est décédé il y a quelques heures.

– Tim Cook, PDG d'Apple, 5 octobre 2011

Steve. Juste Steve.

Certaines vedettes, notamment dans le monde du sport, ont une image de marque tellement forte qu'on peut parler d'elles en ne mentionnant que leur *prénom*. Ainsi, qu'on soit amateur ou non de basketball, on n'aura qu'à dire « Mike » pour savoir immédiatement de qui il s'agit.

Ce phénomène est rarissime dans le monde des affaires et de la technologie. Pourtant, la nouvelle du décès de Steve s'est répandue comme une traînée de poudre. Le monde entier en parlait. Que Steve ait atteint le statut de vedette dans un univers qui n'a pas l'habitude d'en produire relève effectivement du tour de force.

On compare souvent Steve Jobs à Thomas Edison et à Henry Ford. Tout comme Steve, Thomas Edison et Henry Ford ont créé des produits – de véritables industries en fait – qui ont bouleversé nos vies. Ils ont également eu un grand impact sur la philosophie et l'organisation du travail.

Mais ces deux hommes avaient-ils le charisme de Steve Jobs? sa vision axée sur le consommateur? son sens du design simple et élégant? Pouvaient-ils prononcer des discours et lancer des produits avec autant de panache? Non. Bien entendu, les médias de l'époque n'avaient pas une aussi grande portée que ceux d'aujourd'hui, et la comparaison n'est peut-être pas juste. Mais même s'ils avaient profité des technologies de communication et de diffusion actuelles, ils n'auraient certainement pas fait avancer les choses avec la passion, le charme, la lucidité et l'empathie que Steve Jobs manifestait quotidiennement.

Thomas Edison était un brillant inventeur et technologue. Henry Ford était un chef d'entreprise novateur. Mais contrairement à Steve Jobs, aucun des deux n'est devenu une image de marque.

L'essence de la marque de commerce

Les librairies, les bibliothèques et Internet débordent de documents sur le *branding*. Je ne m'attarderai donc pas sur le sujet, en me contentant de rappeler les principaux éléments qui permettent de construire une marque de commerce.

- *Signe distinctif.* L'entreprise ou le produit s'approprie une étiquette, une ritournelle ou un slogan reconnaissable qui permet de l'identifier. Facile à distinguer et à mémoriser, ce signe peut être associé à une pensée, à une promesse ou à une caractéristique physique. L'arche dorée des restaurants McDonald est plus qu'une simple lettre. Pour les amateurs de hamburgers, elle est riche de sens et de possibilités.

- *Homogénéité.* Une marque évoque l'homogénéité et la constance. Ce critère est particulièrement important dans un monde où certaines marques sont connues à l'échelle planétaire. Ainsi, où qu'on soit dans le monde, s'il y a un restaurant McDonald dans les parages, on pourra être certain d'y retrouver sensiblement le même Big Mac.

- *Promesse.* Le signe et l'homogénéité se combinent pour promettre une certaine qualité, une certaine valeur, un certain goût, un certain style et un certain niveau de confort. Ainsi, dans le secteur des hôtels, la marque Four Seasons promet plus de luxe que la marque Holiday Inn.

• *Confiance.* La promesse qui se réalise à répétition crée la confiance. Plus le niveau de confiance est élevé, plus la valeur de la marque est élevée.

De nos jours, les produits ont une durée de vie assez courte et les gens ont plus de difficulté que jamais à fixer leur attention sur quoi que ce soit. Dans ce contexte, une bonne marque commerciale, une marque qu'on reconnaît et qu'on apprécie, possède une valeur inestimable. Les gens y feront confiance et seront prêts à payer ce qu'il faut pour la posséder. On comprend dès lors que la valeur de la marque Apple est sans commune mesure.

Le développement de l'image de marque

Si le branding des produits nous est assez familier, on entend beaucoup moins parler du branding *personnel,* de l'image de marque d'une personne. Mike est une image de marque dans le monde du basketball, Tiger en était une dans le monde du golf. Mais personne dans le monde des affaires ou dans l'univers de la technologie n'a jamais aussi bien réussi son branding que Steve.

Tout comme la marque de commerce, l'image de marque est reconnaissable par certains signes, elle est homogène, elle fait miroiter des promesses, elle inspire confiance. Mais elle comporte d'autres dimensions plus intangibles. Cela n'a rien d'étonnant : les gens ont des personnalités, des attitudes et des comportements qu'on ne retrouve dans aucun produit. Ainsi, Tiger a cessé d'être une image de marque lorsque, à cause de son comportement, il a cessé de remplir ses promesses et, surtout, d'inspirer confiance.

La confiance est cruciale. Or, si une entreprise perd la confiance de sa clientèle, elle pourra toujours baisser ses prix pour écouler sa marchandise. Ce genre de compromis n'est cependant pas possible dans le cas d'une image de marque. Une personne crée des choses, prend des décisions, exprime des émotions ; elle ne se contente pas de « bien fonctionner » ou de représenter « un bon rapport qualité-prix ». Dans le cas d'une image de marque, la confiance cède le pas à la *crédibilité*.

La crédibilité de Steve s'appuyait sur un certain nombre de caractéristiques :

- *Respect.* Tant sur le plan personnel que professionnel, on inspire le respect en faisant ce qu'il faut, en admettant ses torts, le cas échéant, et en respectant les autres (une condition que la plupart des chefs d'entreprise oublient).

- *Optimisme.* Une personne optimiste n'a pas la nostalgie « du bon vieux temps », elle a confiance en l'avenir, elle regarde vers l'avant et elle est prête à progresser.

- *Passion.* Si on fait preuve d'optimisme *et* de persévérance, qu'on est habité par un projet et qu'on en fait la promotion, on gagnera des adeptes.

- *Confiance.* Un leader qui fait preuve de confiance et d'assurance stimule son entourage.

- *Altruisme.* Un bon leader pense aux autres et essaie de se mettre à leur place. Il veut que tout le monde – et pas seulement lui – réussisse.

- *Style professionnel.* Un bon leader développe un style de communication et de travail cohérent auquel son entourage apprend à s'adapter. Ce n'est pas toujours facile – comme c'était le cas avec Steve – mais c'est toujours faisable si la confiance règne. Un collaborateur ou un employé qui n'a pas confiance en son leader sera beaucoup plus préoccupé par la relation qu'il entretient avec lui que par le produit ou le projet en cours. En revanche, même en étant intransigeant, un leader qui a à cœur de changer les choses donnera des ailes à ses collaborateurs.

- *Style personnel.* Le style personnel d'un leader se définit par une foule de choses : sa façon de se présenter à l'intérieur et à l'extérieur de son entreprise, sa façon de protéger sa vie familiale, ses vêtements, etc. La tenue vestimentaire de Steve indiquait qu'il était un authentique artiste et qu'il ne se prenait pas pour un autre. Il se concentrait sur le produit et le client, non sur lui-même. Tout dans sa personne suggérait cela.

L'image de marque de Steve évoquait l'innovation, l'excellence des produits, l'excellence de l'expérience client, l'excellence du design et le désir de changer les choses pour améliorer le sort de l'humanité.

Mais cette image était aussi caractérisée par ce que l'homme *n'était pas.* Steve ne se préoccupait ni de l'argent ni de la politique. Il ne cherchait pas à acquérir plusieurs sociétés, à devenir un magnat de la technologie. Il ne collectionnait pas les voitures, il ne se déplaçait pas dans un jet personnel, il n'avait pas de maison tape-à-l'œil. Il ne cherchait pas à être le centre de l'attention. Il ne faisait pas dans l'abus de pouvoir.

Ce qui importait pour Steve, c'était de passer son message. Il mettait les gens à l'aise en leur rappelant que ce qui comptait c'étaient le produit et le client – et non pas le patron d'Apple. C'était un gars sans prétention, qui n'hésitait pas à retrousser ses manches quand il le fallait. Il pouvait se montrer inflexible quand les choses n'allaient comme il le voulait, mais justement son intransigeance et ses opinons tranchées (avec lui, les choses étaient soit «démentielles», soit «merdiques») faisaient partie de son image de marque.

Steve a placé la barre tellement haut en termes d'image de marque qu'on se demande si quelqu'un d'autre va un jour le rejoindre. D'autres entrepreneurs dans le secteur de la haute technologie ont fait avancer les choses, notamment Sergey Brin et Larry Page avec Google, et Mark Zuckerman avec Facebook. Mais aucun d'eux n'a le style, le charisme, la crédibilité et l'influence de Steve. En vérité, il ne semble y avoir personne pour prendre le relais.

Le fait que Steve ait nourri son image de maque pendant 35 ans, malgré les modes et l'évolution des technologies, est également remarquable. Beaucoup pensent que son départ de chez Apple en 1985 et son retour 11 ans plus tard ont contribué à consolider cette image : le succès qu'il a connu avec *Toy Story* dans l'intervalle et le nouvel essor d'Apple à la fin des années 1990 lui ont donné raison sur tous les points.

Steve a réalisé de grandes choses et a amené les gens de son entourage à accomplir de grandes choses. Son image de marque sera à tout jamais difficile à reproduire. Mais ça ne veut pas dire que vous devez renoncer à construire la vôtre en tant que leader.

Image de marque ou marque de commerce ?

Il est évident que l'image de marque de Steve et que la marque commerciale d'Apple jouissent d'une notoriété inégalée et enviable. Si votre seul succès en tant que chef d'entreprise consiste à bâtir une marque commerciale ayant autant de valeur que celle d'Apple, vous aurez de quoi être fier, et ce, même si personne ne connaît votre nom et qu'aucun de vos employés ne sait qui vous êtes. Il existe beaucoup de marques de commerce prospères, qui sont bâties et entretenues par des dirigeants anonymes. Seriez-vous capable, par exemple, de nommer de mémoire le nom du PDG de Procter & Gamble, des Restaurants McDonald ou de Walmart?

Même s'ils sont relativement inconnus, ces dirigeants ont réussi. Il n'y a qu'à regarder leur feuille de route et la croissance de leur organisation pour s'en convaincre. Comment y sont-ils parvenus? Peut-être qu'ils ont réussi à se bâtir une solide image de marque au sein de leur organisation. Peut-être qu'il leur a suffi d'être de bons gestionnaires. Peut-être qu'ils sont entourés des bons collaborateurs. Peut-être qu'ils sont seulement chanceux.

Mais lorsqu'on compare leur style de leadership au style, plus marqué, d'Howard Schultz chez Starbucks, de Larry Ellison chez Oracle et de Steve Jobs chez Apple, il est évident que le développement d'une image de marque favorise la marque commerciale — et vice versa.

Atteindre le sommet

Puisque vous êtes en train de lire ce livre, je suppose que vous n'êtes pas PDG et que vous ne prévoyez pas le devenir de sitôt. Mais que vous dirigiez votre propre petite entreprise, que vous soyez à la tête d'un centre d'appel de télémarketing ou que vous travailliez dans une grande société comme gestionnaire de projets sans aucun employé sous vos ordres, vous pouvez vous inspirer des principes et des stratégies qui ont assuré le succès de Steve.

Cultivez votre image de marque et les gens vous suivront. Comment faire ? Comment arriverez-vous à franchir cette sixième et dernière étape du modèle de leadership de Steve Jobs ? C'est relativement facile. Il vous suffit de maîtriser les cinq premières étapes et d'en convaincre vos collaborateurs et employés, tout en développant votre style personnel :

- *Client.* Apprenez tout ce qu'il est possible d'apprendre sur le client. *Soyez* le client. Portez-vous à sa défense. Questionnez chacune de vos actions pour savoir ce qu'elle lui rapporte. Bref, passionnez-vous pour le client.

- *Vision.* Essayez d'entrevoir l'avenir. Développez une vision, testez-la, communiquez-la tant à l'intérieur qu'à l'extérieur de l'organisation. Et soyez prêt à l'adapter à la réalité.

- *Culture.* Créez une culture du possible, une culture qui récompense la créativité au lieu de la punir. Assurez-vous que les processus mis en place dans votre organisation soutiennent les nouvelles idées et une vision axée sur le client.

- *Produit.* Concentrez-vous sur le produit. Apprenez à le connaître dans ses moindres détails et veillez à ce qu'il corresponde aux besoins des clients.

- *Message.* Soyez le porte-parole de votre produit et de votre équipe. Gagnez les employés et le grand public à votre cause. Assistez à des foires, à des expositions et à des salons commerciaux, et faites-y votre propre publicité. Bâtissez-vous une image de marque au sein de votre secteur et non seulement à l'intérieur de votre entreprise.

Enfin, travaillez votre style. Il doit concorder avec votre vision. Si celle-ci implique que vos collaborateurs doivent être plus créatifs et qu'ils doivent penser autrement, vous aurez intérêt à troquer votre complet à 1000 $ pour des jeans et un chandail à col roulé. Arrangez-vous pour projeter une image que votre équipe appréciera et qui plairait à vos clients si vous deviez les rencontrer.

QUE FERAIT STEVE JOBS ?

La construction d'une image de marque n'est pas un processus linéaire. Aucun gabarit ne vous facilitera la tâche. Si c'était le cas, tout un chacun pourrait devenir Steve Jobs ! L'image de marque est quelque chose dont vous devez rêver, que vous devez visualiser, expérimenter et modifier. Pour vous aider, voici un résumé des stratégies que Steve Jobs mettrait en œuvre pour se bâtir une image de marque efficace :

- *Il se concentrerait sur les cinq premiers aspects de son modèle de leadership :* Client, Vision, Culture, Produit et Message.

- *Il s'efforcerait de maintenir l'équilibre entre ces cinq aspects.* Ne faites pas l'erreur de canaliser vos énergies sur un seul aspect au détriment des autres. Ça ne marchera pas.

- *Il serait passionné.*

- *Il ne forcerait pas la note.* Laissez vos actions parler pour vous. Les gens le savent quand on en fait trop.

- *Il serait motivé par la réalisation, non par l'attrait du pouvoir.*

- *Il serait motivé par la réalisation, non par l'appât du gain.*

La légende se poursuit

Le texte de la publicité «Penser autrement» d'Apple, diffusée pour la première fois en 1997, en dit long sur l'image de marque de Steve. C'est une conclusion tout à fait adéquate pour ce livre:

> Les fous, les marginaux, les rebelles, les anticonformistes, les dissidents... Tous ceux qui voient les choses différemment, qui ne respectent pas les règles. Vous pouvez les admirer ou les désapprouver, les glorifier ou les dénigrer. Mais vous ne pouvez pas les ignorer. Car ils changent les choses. Ils inventent, ils imaginent, ils explorent. Ils créent, ils inspirent. Ils font avancer l'humanité. Là où certains ne voient que folie, nous voyons du génie. Car seuls ceux qui sont assez fous pour penser qu'ils peuvent changer le monde y parviennent[1].

---

1   ISAACSON, Walter. *Steve Jobs,* Paris, JC Lattès, 2011, p. 379.

Vous avez aimé ce livre ?

Ces titres pourraient vous intéresser.

Carnet de route idéal pour quiconque rêve d'être son propre patron, *Réinventer le travail* montre que, pour réussir, il est inutile de travailler comme un fou ou de chercher des investisseurs. Ce qu'il faut, c'est apprendre à devenir plus productif et à faire parler de soi sans se ruiner.

Réinventer le travail

J. Fried, D. Heinemeier Hansson • 285 pages • 27,95 $

Les meilleurs dirigeants accordent une grande importance aux relations interpersonnelles. Grâce à la démarche accessible et à la multitude d'exercices présentés dans ce livre, apprenez à maîtriser, vous aussi, les formidables ressorts de l'intelligence émotionnelle et gagnez en efficacité, individuellement et collectivement.

Propulser mon équipe grâce à l'intelligence émotionnelle

A. McKee, R. Boyatzis, F. Johnston • 207 pages • 29,95 $

Alors que le taux d'endettement des Canadiens atteint 150 % et que presque tout le monde a l'impression de manquer d'argent, l'expert québécois du marketing Jacques Nantel, avec la journaliste Ariane Krol, met au jour les mécanismes fascinants qui vous incitent à dépenser toujours davantage.

Pourquoi une cartouche d'encre coûte-t-elle plus cher qu'une imprimante ? Quel pacte conclut-on en cliquant sur le bouton « J'aime » de Facebook ? Qui n'a jamais succombé aux suggestions d'Amazon ou de iTunes ?

Avec des dizaines d'exemples à l'appui, *On veut votre bien et on l'aura* dévoile les pièges insidieux du nouveau marketing.

On veut votre bien et on l'aura

Jacques Nantel et Ariane Krol • 152 pages
• 24,95 $ papier • 18,95 $ numérique